LIVRES PERDUS

ET

EXEMPLAIRES UNIQUES

Cet ouvrage n'a été tiré qu'à 3oo exemplaires numérotés.

N° 164

BORDEAUX. — IMPRIMERIE G. GOUNOUILHOU.

ŒUVRES POSTHUMES

DE J.-M. QUÉRARD

PUBLIÉES

Par G. BRUNET

LIVRES PERDUS

ET

EXEMPLAIRES UNIQUES

BORDEAUX

CHARLES LEFEVBRE, LIBRAIRE-ÉDITEUR

6, ALLÉES DE TOURNY, 6

1872

AVANT-PROPOS

NUL bibliographe n'a égalé Quérard en ardeur au travail, en ténacité; indépendamment de ses divers ouvrages imprimés, parmi lesquels quelques-uns sont d'une étendue remarquable (1), il a laissé des masses effrayantes de manuscrits, de notes sur cette science des livres à laquelle il avait voué son existence tout entière.

On sait qu'il avait entrepris une œuvre colossale, l'Encyclopédie du bibliothécaire; le prospectus seul

_____

(1) La France littéraire, 1827-42, 10 vol. in-8°, suivis de 2 vol. de corrections & continuation, 1854-62. (Cette continuation est restée inachevée.) Supercheries littéraires dévoilées, 1845-53, 5 vol. in-8° (une seconde édition fort augmentée & revue par les soins de MM. P. Jannet & G. Brunet. Paris, Daffis, 3 vol. in-8°, 1869-1871).

a vu le jour, ainfi que quelques fragments détachés, inférés dans le journal le Quérard. Ce dictionnaire devait tout embraffer, chofes & hommes; conçu fur des proportions trop vaftes, adoptant dans fon cadre les développements trop étendus qu'en vieilliffant Quérard fe plaifait à admettre (voir l'extenfion donnée aux articles commençant par les lettres P, R), il était condamné à ne point être publié; il ne pouvait être achevé, puifque chaque jour amenait des additions nouvelles & confidérables.

En 1866, nous avons fait l'acquifition des papiers de Quérard, enlevé par une mort rapide à la fin de l'année 1865.

Dans ces innombrables liaffes, nous avons trouvé des doffiers intitulés : Livres condamnés, — livres à clef, — livres gravés, — livres fur vélin, — livres fur papier de couleur, — livres non livrés au commerce, — livres exécutés dans des imprimeries particulières, &c. Les travaux de Gabriel Peignot, juftement recherchés des amateurs, mais remontant à une période éloignée, avaient été repris, complétés, mis à jour.

Peut-être, fi nous rencontrons quelques encouragements, publierons-nous, en partie du moins, ces recherches que perfonne, nous le croyons, ne ferait tenté de recommencer.

Un doffier intitulé : Livres introuvables, a fixé

notre attention; nous avons penfé qu'on pourrait nous
favoir quelque gré de ne pas le laiffer inédit, voué
peut-être à la deftruction.

Bien des écrits du quinzième & du feizième fiècle
font aujourd'hui d'une rareté exceffive, furtout lorfqu'il
s'agit d'opufcules que leur exiguité expofe à des chances
multipliées de difparition; les bibliophiles en font
l'objet d'inveftigations paffionnées, & un affez grand
nombre de ces livrets ont été réimprimés, foit feparé-
ment, foit dans des collections juftement appréciées (1).

Grâce à ces reproductions, ces livrets ne font plus
introuvables; Quérard ne les admettait pas dans le relevé
qu'il s'était plu à dreffer, & dans lequel il faut voir
une diftraction qu'il fe permettait à la fuite de travaux
plus fatigants.

Il s'était attaché à rechercher dans quelques catalogues célèbres, notamment dans l'admirable collection du
duc de La Vallière, difperfée en 1784, des écrits qui

_____

(1) Voir la collection des Joyeufetés, publiée par le libraire Techener,
1829-32, 16 vol. in-16; les Variétés hiftoriques & littéraires, éditées
par M. Ed. Fournier; Paris, Jannet, 1855 & fuiv., 10 vol.; les
Anciennes poéfies françaifes des XVᵉ & XVIᵉ fiècles, recueillies par
M. Anatole de Montaiglon; Paris, Jannet, 1856 & fuiv., 10 vol.

Le malheureux Caron, mort en 1806; MM. Montaran, Silveftre,
Giraud, Veinant, G. Dupleffis & d'autres encore fe font occupés avec
zèle à remettre en lumière des productions qu'il eft extrèmement difficile
de rencontrer.

n'ont pas, ce femble, reparu depuis en vente publique; les productions dramatiques que n'avait pu fe procurer M. de Soleinne (1), avaient de même appelé fon attention. Tout naturellement il avait maintes fois confulté le Manuel du Libraire, de M. J.-Ch. Brunet, cet oracle prefque infaillible de la bibliographie.

Le relevé que nous offrons à un public fort peu nombreux fera utile, nous aimons à le croire, puifqu'il fignalera des livrets qui peuvent, furtout dans des époques cruellement agitées, difparaître à jamais (2); peut-être quelques-unes des compofitions que nous mentionnons ont-elles péri; du moins fe dérobent-elles obftinément à toutes les recherches. (Voir les art. Hiftorique defcription, Pandarnaffus, &c.) Il en eft qui ne font aujourd'hui connues que par le témoignage de quelques vieux bibliographes. C'eft aux bibliophiles éclairés qu'il appartient de ne rien négliger pour découvrir ces précieux livrets; il faut alors, par une réimpreffion exacte, en affurer la confervation.

(1) M. de Soleinne, mort en 1843, n'avait, durant quarante ans, épargné ni foins ni dépenfes pour former une collection théâtrale parfaitement complète au point de vue de la France. Le catalogue, dreffé avec beaucoup de foin par M. Paul Lacroix, & renfermant une foule de notes très utiles, forme cinq volumes in-8°, publiés de 1844 à 1846; les ouvrages qui n'y figurent pas font tous de la plus exceffive rareté.

(2) L'incendie de la bibliothèque du Louvre ne juftifie que trop nos appréhenfions.

Nous avons cru pouvoir ajouter, en certains endroits, au texte de Quérard quelques indications supplémentaires qui, nous l'espérons, seront accueillies avec indulgence; nous avons aussi voulu renfermer dans des bornes assez étroites un relevé auquel il eût été facile de donner une extension bien plus considérable & dans lequel nous n'admettrons que des livres en langue française.

G. B.

LIVRES

INTROUVABLES

ET

EXEMPLAIRES UNIQUES

---

*A*DVIS *ſalutaire et tres-neceſſaire aux gens de bien qui ſe laiſſent battre par leurs femmes, dedié aux confreres & ſœurs de la confrairie des martyrs martyriſés par leurs deſhonneſtes, indiſcrettes & mal adviſées femmes.* S. l. n. d., in-8°, 8 ff. — Catalogue Cigongne, n° **2201**.

Affiges des grands operateurs de Mirlinde, nouvellement arrivés pour guerir toutes ſortes de maladies. Paris, 1618, petit in-8°, 4 ff. — Un exemplaire de cette facétie, aujourd'hui introuvable, s'eſt montré à la vente Veinant, &, réuni à deux autres opuſcules du même genre, il s'eſt élevé au prix exorbitant de 1ſ9 fr. — Un exemplaire au Catalogue La Vallière, n° 3912, 1.

Almanach bacchique qui durera autant que le bon vin & le moyen très facile pour ſavoir en quel temps il faut planter & ſemer les choſes néceſſaires pour éguiſer l'appétit & la ſoif. Enſemble les lois de Bacchus, prince de Nyſſe, roi des Indes & des Beuveurs. Rouen, in-12, Catalogue La Vallière, n° 3903.

Almanach merveilleux pour les jours de Careſme, prenant de ceſte préſente année. Par le ſieur de Peu de Soucy, baron d'Aimejoye, au lecteur chaſſe-mélancholie. Paris, P. Chevalier (vers 1610), in-8°. — Catalogue La Vallière, n° 3903.

Amours hiſtoriques des princes. Paris, 1632, in-8°. — L'auteur du *Manuel* dit n'avoir jamais rencontré ce volume, dont l'exiſtence eſt atteſtée par Lenglet du Freſnoy *(Bibliothèque des romans)*; il eſt également indiqué dans le *Dictionnaire bibliographique* de Cailleau (tom. III, p. 239), mais cette autorité eſt aſſez faible.

Amours prodigieux, en vers françois & en langue

albigeoife, par Augié Gailliard, 1592, in-4°. —
Indiqué au *Manuel* fans aucun détail. Un bibliophile
du Midi s'eft livré pendant longues années aux
recherches les plus perfévérantes fans pouvoir rencontrer ni ce volume, ni un autre du même auteur.
(Voir *Libre gras (lou)*.

*Anti-Drufac, ou Livret contre Drufac, fait à l'hon-
neur des femmes nobles, bonnes & honneftes, par
manière de dialogue.* Tholofe, 1564, in-8°. — Cet
ouvrage eft de François La Borie, mais il paraît
n'être connu que par la mention qu'en a faite
Du Verdier dans sa *Bibliothèque françoife.* C'eft une
réplique au livre de Gratian Du Pont, fieur de
Drufac : *Les Controverfes des fexes mafculin & feminin,* dont il exifte plufieurs éditions. Ajoutons aux
adjudications que mentionne le *Manuel,* celle de
400 fr., vente Chédeau, pour l'édition de 1534,
in-fol. L'exemplaire de celle de 1537, in-16, qui
avait été payé 71 fr., vente Crozet, en 1842, a
été revendu 285 & 210 fr., ventes Chaponay &
Turquety. Un exemplaire de l'édition de 1538
figure au Catalogue Cigongne, n° 633. Nous
trouvons au Catalogue Defq (1865) une édition
de Paris, Regnault, 1541, in-8°, qui n'eft point
citée au *Manuel* & qui a été payée 72 fr.

Aproches (les) font du bon temps
Dont ufuriers font mal contans
Compofez les a Dadonville
Nouvellement en cefte ville
De Paris affin de fiouyr
Le pouve peuple & refiouyr.

Petit in-8°, goth., 4 ff., en vers de 8 fyllabes.

Dadonville ou d'Adouville eft l'auteur de quelques autres opufcules devenus introuvables et que nous fignalerons. D'autres : les *Moyens d'éviter melencoly* & la *Deffaite des faulx monnoyeurs,* ayant été réimprimés, nous renverrons à leur égard au *Manuel* (tom. II, col. 467). Nous devons mentionner auffi l'*Honneur des nobles blafons & propriété de leurs armes* (petit in-8°, goth.), livre en vers, que M. J. Guigard (*Bibliographie du blafon,* p. 4) fignale comme offrant une grâce & une naïveté charmantes. L'exemplaire que poffède la Bibliothèque nationale eft incomplet; la fin manque; un autre, richement relié, s'eft payé 1,180 fr. à une vente faite au mois de mars 1870 par M. Bachelin-Deflorenne.

Archifot (l'), Echo fatyrique, 1605, in-8°. — Catalogue La Vallière, n° 3903.

Afne (l') ruant, compofé par le difciple de Philo-ftrate, enfemble fix prologues comiques du même auteur. Paris, Fleury Bourriquant, 1620, petit in-8°. — Livret faifant partie d'un recueil porté au Catalogue La Vallière, n° 3912 ; il femble être refté inconnu.

Affumption (S'enfuit l') de la glorieufe Vierge Marie à trente-huit perfonnages. Paris, in-16, goth., 80 ff. — Le duc de La Vallière poffédait un exemplaire de ce volume rariffime ; M. de Soleinne avait dû fe contenter d'en avoir une copie manufcrite. De Bure indique, dans fa *Bibliographie inftructive*, n° 3215, une édition in-4°, goth. (Paris, fans date & fans nom d'imprimeur) ; elle n'a pas été retrouvée. Les frères Parfait donnent, dans leur *Hiftoire du théâtre françois* (tom. III, p. 73-80), un extrait de ce myftère d'après une édition qu'ils fignalent comme in-4°.

Aftrée (l') d'Honoré d'Urfé. — La première édition connue de ce roman célèbre, jadis en vogue, eft celle de Paris, 1610, in-8° ; mais, d'après les *Mémoires* de Baffompierre, Henri IV, fouffrant de la goutte au mois de janvier 1609, fe faifait lire l'*Aftrée* chaque nuit ; il doit donc exifter une édition de 1608 dont il n'eft refté aucun exemplaire.

Le *Manuel du Libraire* contient de longs détails

fur la bibliographie de ce roman ; ajoutons qu'un
bel exemplaire de l'édition de 1647, 5 vol. petit
in-8°, a été payé 275 fr. à la vente Yemeniz,
n° 2388.

*Aventures du baron de Fœnefte, par Agrippa
d'Aubigné.* — Ce roman fatirique fe compofe de
quatre parties, publiées pour la première fois
réunies en 1630. Les premières parties avaient
paru féparément ; on en connaît même cinq ayant
la date de 1617. Elles font décrites dans l'excellente
édition revue par M. Merimée. Paris, Jannet, 1855,
in-16. Celle des impreffions de 1617, regardée
comme la plus ancienne, eft fignalée fur le frontifpice comme *revue & corrigée & augmentée par
l'autheur,* ce qui attefte l'exiftence d'une édition
originale qui a jufqu'ici échappé à toutes les
recherches.

BERGERIE *fur la mort de Charles IX & l'heureufe venue d'Henry III de fon royaume de Pologne en France, par Pierre de Montchault de Troyes.* Paris, J. Delaftre, in-4°. — Le *Manuel* ne parle pas de cette pièce, que M. de Soleinne n'avait pu fe procurer. (Voir fon Catalogue, tom. I, p. 383.) Il en eft queftion dans la *Bibliothèque du théâtre françois* (tom. I, p. 205).

Blafons (les) et contre-blafons du corps mafculin & feminin, avec les figures au plus près du naturel. Paris, veuve J. Bonfons, f. d., in-16. — Edition très fautive, mais fort rare. Le *Manuel* n'en indique aucune vente.

B....l (le) des Mufes, ou les neuf pucelles p...ns, caprices fatyriques, par Théophile le Jeune (Claude le Petit), divifé en quatre parties. Fragment, première partie. A Leyden, fur le véritable manufcrit de l'auteur. — On ne connaît, ce femble, qu'un feul exemplaire de ce livret impie & ordurier, qui amena une fentence de mort contre Le Petit, fentence

rendue par le Parlement de Paris & exécutée le
1er août 1662. Renvoyons, pour amples détails à cet
égard, à l'édition des *OEuvres de Théophile* (tom. I,
p. 111) donnée par M. Alleaume, & qui fait partie
de la *Bibliothèque elzévirienne;* à une notice de
M. Tricotel, inférée dans les *Variétés bibliographiques*
(1866) de cet infatigable explorateur de la littérature françaife à la fin du feizième & au dix-feptième
fiècle; &, enfin, à la *Bibliographie des livres relatifs
à l'amour, aux femmes, au mariage,* 3e édition (1871)
(tom. II, p. 41).

CAQUET (le) des femmes du fauxbourg Mont-Martre avec la réponse des filles du fauxbourg Saint-Marceau. Paris, 1622, in-8°. — Catalogue La Vallière, n° 4283, 12. On trouve au même Catalogue le *Quaquet des lavandières à l'encontre des chambrières*. Le *Manuel* indique deux autres *Caquets*, mais il ne mentionne pas ceux-ci.

Carquois (le) d'amour, f. d., en vers. — Catalogue La Vallière, n° 2922.

Chambre (la) ardente de l'Amour, ou Comedies & galanteries d'amourette de M. le marquis de *** & de Mme la marquise de ***, avec le sermon de l'Amour & le divorce de l'Amour & de l'Hyménée. Sans nom de ville ou d'imprimeur & sans date, in-12. — Volume inconnu, ce nous semble ; il figure au Catalogue Meon, n° 2487.

Chanson nouvelle, composée par un soudart faisant la centinelle sur les remparts de Metz. Lyon, Payen, 1553, in-8°.

Chanſons demonſtrantes les erreurs & abuʒ du temps préſent. 1542, petit in-8°, 8 ff. — Indiqué au *Manuel* ſans aucun détail.

Chanſons joyeuſes de Noel. Très doulces & récreatives singulieres supellatives. Petit in-8°, 8 ff. — Ce livret, porté au Catalogue La Vallière, n° 3081, contient dix noëls.

Chanſons (Senſuivent pluſieurs). Belles chanſons nouvelles. & ſont au nombre iiii. xx *&* x. *& premièrement, Adieu plaiſir, adieu.* S. l. n. d., petit in-8°, 24 ff. (vers 1530). — Le *Manuel* décrit ce livret rariſſime, que nous ne trouvons ſur aucun catalogue. Il mentionne auſſi d'autres recueils de chanſons de la première moitié du ſeizième ſiècle qu'il ſerait trop long d'enregiſtrer. Quelques-uns ſe trouvent dans les grandes bibliothèques de Paris ou bien ſe ſont montrés dans quelque vente, mais il ſerait extrêmement difficile d'en ſuivre la trace ; où a paſſé, par exemple, le petit volume imprimé par Jehan Bonfons : *Chanſons nouvellement compoſées ſur pluſieurs chants tant de muſique ruſtique,* 1548, dont un exemplaire défectueux figure au Catalogue Bignon, n° 813 ?

Chanſons nouvelles demonſtrans pluſieurs erreurs &

faulseteʒ. 8 ff. non paginés, caractère gothique, f. d. n. l. (Pierre de Vingle, Neuchatel, 1532 ou 33.) — Le feul exemplaire connu eft celui de la Bibliothèque de Zurich; il s'y trouve avec une autre édition f. l. n. d. exactement semblable, mais imprimée avec un caractère gothique tout différent. L'édition de 1542, 8 ff., eft fans doute une réimpreffion.

Chanfons (S'enfuyvent plufieurs belles & bonnes). Neufchatel, Pierre de Vingle, 1533, 48 ff. (Bibliothèque de Zurich.) Citons auffi : *S'enfuivent plufieurs belles & bonnes chanfons que les chreftiens peuvent chanter,* 48 p., petit in-8°, goth., f. n., mais avec la molette de Pierre de Vingle et la date de 1553 au verfo. Le nom de l'auteur, *y me vint mal à gré,* dans un anagramme, fans doute Malingre. Dix-fept chanfons, dont sept reproduites dans le *Chanfonnier huguenot* (voir p. 421-424).

Chanfons nouuelles en lengaige prouenfal, in-16, goth. — Livret de 19 pages pour le texte, accompagné des airs notés. On ne connaiffait qu'un feul exemplaire de ce précieux recueil, acheté 50 fr., en 1816, par M. de Soleinne; il ne s'eft pas retrouvé à la vente de l'importante bibliothèque de cet amateur, &, malgré des recherches perséverantes, on n'eſt point parvenu à découvrir quel a été ſon ſort. M. G. Brunet avait obtenu de M. de Soleinne l'autoriſation de prendre une copie de ces chanſons; il la fit imprimer en 1844 (in-8º, 22 p.) à ſoixante exemplaires, mais ſans la muſique, & cette réimpreſſion eſt elle-même à peu près introuvable aujourd'hui. M. Bory, dans ſes *Origines de l'imprimerie à Marſeille,* a parlé avec détail de ce chanſonnier, curieux à divers points de vue; il penſe qu'il a été imprimé en 1532 à Avignon ou à Lyon. D'un autre côté, l'auteur du *Manuel du Libraire* (tom. II, col. 1790) penſe que ce livret ſort des preſſes de l'imprimeur Jean Chaney, à Avignon.

Il a paru à Marſeille (veuve Boy, 1855, in-12) une notice du chevalier B. de P. ſur ce recueil; elle eſt intitulée : *Les chanſons du Carrateyron, poète du ſeizième ſiècle;* elle avance que ces poéſies, les plus anciennes qui aient été miſes au jour en langage provençal, ont été publiées en 1519.

Cheute (la) du diable & de ſes adhérents, où eſt expliqué le paſſage du prophète : Quomodo cecidiſti à cœlo Lucifer? Imprimé à Paris, Antoine Verard, 1506. — Livre qu'on ne connaît que par la mention qu'en a faite Du Verdier. C'eſt peut-être une édition de la *Diablerie* de Damerval.

Chreſtienne inſtrvction tovchant la pompe & exces des hommes deborde↊ & ſemmes diſſolues en la curioſité de leurs parures & atriffemens d'habits qu'ils portent. Plus l'abus inveteré & diabolique invention des dances. Imprimé nouvellement. 1551, in-16 de 45 ff. — Nous ne voyons figurer ce petit volume dans aucune vente; au ft. 43 commence une chanſon contre l'*abus des dances.*

Clamades (le Liure de), fils du roy Deſpaigne & de la belle Clermonde. S. l. n. d. Lyon (vers 1480), petit in-fol. — Roman de chevalerie appartenant au cycle de Charlemagne; il eſt indiqué comme traduit de l'espagnol; & il exiſte, en effet, une *Hiſtoria del cauallero Clamades,* Burgos, 1521, mais la ſource de ces récits eſt un poème de *Cleomades,* compoſé par Adenez Le Roy, poème de 19,000 vers de huit ſyllabes, reſté longtemps inédit & publié en 2 vol. in-8°, à Bruxelles. On trouve dans la *Bibliothèque des romans* (février 1785, p. 3-64) une analyſe du roman en proſe. — L'édition lyonnaiſe ne s'eſt pas montrée en vente; le duc de La Vallière n'avait que celle de Troyes, G. Lerouge, in-4°, n° 4130.

Combat de mal adviſé avec ſa dame par amour ſur le jeu de paume, cartes, deʒ & tablier, montrant comme tels jeux, joint celui des femmes, font aller l'homme à l'hôpital, avec pluſieurs autres rondeaux & diʒains, préſenté au puis de riſée. Lyon, 1547, in-16. — C'eſt Du Verdier (tom. I, p. 420) qui donne ce titre ſingulier; l'ouvrage paraît perdu depuis longtemps.

Comment le pere & la mere doibuent chatier leurs enfants en ieuneſſe par Lexemple de celluy qui arracha le neʒ de ſon pere en le baiſant. S. l. n. d., petit in-8°, goth., 4 ff. — Publié au commencement du ſeizième ſiècle.

Compilogue des guerres de la Gaule & pays de France & des lieux plus faciles à aſſaillir; la couuerte entrepriſe des Impériaux contre France, par un Auocat de Lyon. Lyon, ſ. d., in-16. — Ouvrage dont il ne reſte d'autre trace que la mention qu'en a faite Du Verdier (tom. I, p. 430).

Complaintes (les) de la Terre Sainte detenue en la main des infidèles. Anvers, Martin Lempereur, petit in-8°, 8 ff. — Ouvrage mêlé de proſe & de vers. Le *Manuel* l'indique, mais ſans dire où il ſe trouve.

Complainte & chanſon de la grande paillarde baby-lonienne de Rome ſur le chant de Pienne, plus une *deploration des cardinaux, eueſques & toute leur compagnie*. S. l., petit in-8°, 8 ff. — Un exemplaire figure au Catalogue La Vallière (voir le *Chanſonnier huguenot*, édité par M. Trofs, p. 454).

Complaintes & epitaphes du roy de la Baʒoche. S. l. n. d., petit in-8°, 12 ff. — Nous avons vu chez M. de Soleinne un exemplaire regardé comme le ſeul connu; il avait appartenu au duc de La Vallière, & il paſſa dans la bibliothèque de M. J. Pichon, livrée aux enchères en 1869. Cet opuſcule eſt fort ſingulier; il eſt rempli de notes étranges, d'expreſſions inuſitées.

Complainte & regretʒ de Gaspard de Coligny. Lyon, 1572, in-8°. — Catalogue La Vallière, n° 2922.

Complainte (la) que faiɕ l'amant à ſa dame par Amours. Paris, J. Bonfons, ſ. d. (vers 1548), petit in-8°, 4 ff. — Opuſcule ſingulier. Il en exiſte une autre édition, indiquée au Catalogue Cigongne, n° 833. Tabourot a donné cette pièce dans ſes *Bigarrures* (chapitre des *Equivoques*), mais avec des changements & avec des fuppreffions qui réduifent le nombre des vers à 60 au lieu de 171.

Coq à l'afne des Huguenots tuez & maffacrez à Paris le XXIII*e jour d'aouft* 1572. Lyon, B. Rigaud, 1572, petit in-8°, 4 ff. — Un bibliophile lyonnais des plus fervents, M. Cofte, poffédait un exemplaire de cet opufcule, que nous ne trouvons pas au Catalogue La Vallière.

Courrier (le) général de la mi-carême; enfemble le mauvais traitement & emprifonnement de la Macreufe. Paris, 1642, in-8°. — Catalogue La Vallière, n° 3903.

Couvée (la) des Anglois & des Efpaignols qui ont cuydé defcendre en Bretaigne avec la chanfon de leur reventance. S. l. n. d. (vers 1542), petit in-8°.

Danse (la) macabre. — Il exifte diverfes éditions de cet ouvrage fingulier; quelques-unes font introuvables; celle de Guyot Marchand, Paris, 1485, la plus ancienne de toutes, n'eft connue que par un exemplaire défectueux que poffède la bibliothèque de Grenoble; celle de 1486 ne s'eft montrée fur aucun catalogue depuis la vente La Vallière; il en eft de même de celle de 1491. Celle *imprimé à Genefue l'an M.cccc.iij,* fans nom d'imprimeur, in-4°, 24 ff., ne nous eft connue que par la mention qu'en fait le *Manuel.* Obfervons que M. Brunet n'a pas mentionné l'édition de Paris, Gilles Couftiau et J. Minard, 1492, in-4°, 12 fig. à mi-page. Un exemplaire unique a été payé 1,500 fr.; il figure au Catalogue Didot, n° 582.

D'autres éditions : Lyon, Arnoullet, f. d.; Paris, Denis Janot, 1553; Paris, E. Groulleau, 1550, ne fe montrent fur aucun catalogue de ce fiècle. Cette dernière ne fut payée que 4 fr. chez le duc de La Vallière; le *Manuel* dit qu'elle vaut dix fois ce prix; nul doute qu'aujourd'hui un bel exemplaire n'eût amateurs à 600 fr., peut-être bien plus.

Déconfiture (la) du géant Goliath, tragédie par Joachim de Coignac. Laufanne, 1550, in-8°. — Indiqué par Du Verdier; manquait chez M. de Soleinne.

Defence pour la robbe longue contre la courte, cefte cy preferée en rang par un qui porte auffi indignement la premiere que injuftement & lafchement il ha voulu faire prejudice à fon rang, traduit du latin de Janus Cavallarius, par maiftre Jean Romagnon. Imprimé à Grenoble, f. d., in-8°, 27 ff. — Cet opufcule figure au Catalogue Villenave, 1850. C'eft, nous le croyons, le feul témoignage qui attefte fon exiftence. Qu'eft devenu cet exemplaire peut-être unique?

Déluge des Huguenotz avec leur tombeau & les noms des chefs & principaux punys à Paris. 1572, in-8°. — En vers, dans un recueil, Catalogue La Vallière, n° 2922-23.

Depart (Senfuit le) & renoncement damours, lequel eft moult utille & prouffitable pour jeunes gens qui fe veulent garder de folle amour. Paris, veuve Trepperel, f. d., in-4°, 18 ff., en vers de 8 fyllabes. — Le *Manuel* ne connaît qu'un feul exemplaire, celui du duc de La Vallière qui, étant très rogné, ne dépaſſa pas 1 fr. 80 en 1783.

Defcription du tres humain vertueulx & inuectiſſime Roy de Portugal. Enuoyé à noſtre ſainct pere le pape des geſtes faictʒ en la mer Rouge. & de la paix, paction, conuenance & alliance commencee par luy auec Prebſtre Jehan, Roy de Ethiopie. Petit in-8°, goth., 4 ff. — Dans cet opufcule en profe, la date de Lisbonne, 1521, a été confervée.

Defcription (la), forme & nature des beſtes tant priuees que ſauuaiges avec le pourtret et figure au plus pres du naturel. Rouen, Robert & Jehan du Gort, 1554, in-16. — Petit poème devenu introuvable.

Deſſert (le) des mal fouppeʒ contenant un plat d'hiſtoires, de douʒe fervices au plat, le tout de bon appetit & bien aſſaiſoné de fauce pour purger l'humeur bilieuſe & melancolique. Rouen, Abr. Coufturier, 1604, petit in-8°, 31 ff. — Ce recueil facétieux fe trouvait chez le duc de La Vallière; on l'a revu à la vente Méon; aujourd'hui il ferait peut-être complètement impoſſible de le rencontrer.

Deteſtation des cruauteʒ fanguinaires de Henry

Devalé (ſic) *ſur l'aſſaſſinat commis par luy du duc. de Guiſe.* Paris, chez Denis Binet, 1589, in-8°, 16 p. — En vers.

Devis poiĉtevin diĉté à Tholoſe aux jeux Floraux, 1553. *L'affutiman de Pelhot, invention Barotine avec le Blaſon du glaive de Saint Pelhot qui coupa l'oreille à Malchus avec le Blaſon de la V-le.* Imprimé à Tholoſe, par Guyon Boudeville. — Ce titre ſingulier eſt ſignalé par Du Verdier, mais le vieux bibliographe n'indique ni la date, ni le format de ce volume, aujourd'hui perdu, ſans doute, car il s'eſt toujours dérobé aux recherches les plus perſévérantes & les plus aĉtives. Les deux blaſons qu'il renferme ne ſe trouvent point dans le recueil de *Blaſons,* publié, en 1809, par Méon de la manière la plus déſeĉtueuſe. Une réimpreſſion, revue avec ſoin & augmentée de cette collection fort curieuſe, avait été préparée vers 1855, mais elle n'a point vu le jour.

Dialogue des feſtins. Paris, Denys Du Pré, 1579, in-8°, 8 ff. — Catalogue La Vallière, n° 3897.

Dialogue des vaillans faits de Bolorospe, caualier gaſcon hipocondre, deuant Nancy, & le récit de ſes autres auantures à Adamente, caualier françois. S. l. n. d., petit in-8°, 16 p.

Differens (les) des Chappons & des Coqs, touchant l'Alliance des Poulles auec la conclusion d'iceux. Paris (vers 1610). — Catalogue La Vallière, n° 3903.

Difficile (le) des chansons, premier livre, contenant XXII *chansons nouvelles à quatre parties, de la facture & composition de maistre Clement Jennequin*. Lyon, Jacques Moderne, s. d., petit in-8° oblong, 31 ff.

Discours facetieux des signes veuz au ciel par un aveugle, interpretez par un muet & entendus par un sourd. 1609, in-8°. — Catalogue La Vallière, n° 3903.

Discours veritable d'un homme qui a esté extremement battu par sa femme & deux de ses enfants. Lyon, F. Yvrard (vers 1560), in-8°.

Discours très veritable d'un insigne voleur qui contre-faisoit le diable, lequel fut prins et pendu à Bayonne. Villefranche, 1608, in-8°.

Discours veritable de ce qui est aduenu à sept blas-

phémateurs *du nom de Dieu, jouant aux cartes & aux* dez *dans un cabaret diftant de deux lieues de Montau-* ban. Jouxte la copie, imprimée à Corre en Carcy, *par Olivier de Meniere.* 1601, petit in-8°, 4 ff. — Il exifte une autre édition de cet opufcule avec des différences; les blafphémateurs ne font qu'au nombre de trois, & c'eft à quatre lieues de Péri- gueux qu'ils fe trouvent. Réimprimé en 1863 dans le *Tréfor des pièces angoumoifines.*

Ditz *(les) de Salomon & de Marcolphus, tranflatez du latin en françois.* Paris, Guillaume Euftace, 1509, petit in-8°, goth. — Le *Manuel du Libraire,* après avoir cité ce petit volume d'après Du Verdier, en donne une defcription détaillée d'après une com- munication faite par M. Hubeaud, de Marfeille, bibliophile diftingué, mort, il y a quelques années, dans un âge fort avancé. Il exifte deux autres éditions anciennes & très rares de ces *Ditz.*

Drogues *nouvelles & laxatives pour les conftipez.* 1605, in-8°, en vers. — Catalogue La Vallière, n° 3903.

EDIT *perpetuel & irrévocable de l'invincible & tres antique Roi Carefme à l'encontre des Pervers & obftinez ennemis tant de fa fouveraine Majefté & infracteurs de fes ftatuts & ordonnances que de fes confederez, amis & alliez.* Paris (vers 1610), in-8°. — Catalogue La Vallière, n° 3903.

Eglife (l') des mauuais ou autrement la petite dyablerie dont Lucifer eft le chef, & les membres font tous les joueurs iniques & pécheurs reprouvez, tranflatée du latin en françois. S. l. n. d., in-16, goth. — Du Verdier cite une édition de Lyon, Ol. Arnoullet, 1541, in-16. Ajoutons qu'on rencontre au Catalogue J. P*** (Jérôme Pichon), n° 46, une autre édition · Paris, veuve J. Trepperel, f. d., in-8°, 52 ff. non chiffrés, signée : A. C. L'exemplaire relié en maroquin a été adjugé à 720 fr.

Cette *Petite diablerie* rappelle le *Livre de la diablerie* d'Eloy Damerval, dont l'édition primitive vit le jour à Paris, en 1508, chez Michel le Noir. Il s'eft rencontré à la vente Yemeniz (n°s 1701 & 1702) des exemplaires des réimpreffions données (toutes deux fans date) par la veuve Trepperel, adjugée à 425 fr., & par Alain Lotrian, payée 400 fr.; cette dernière avait été obtenue pour 121 fr. à la vente du prince d'Effling.

Elegie fatyrique fur la mort de Gafpard de Coligny qui fut admiral de France, à laquelle chacun Carme commence par la fin de l'autre, autrement appelez Carmes ferpentins. Paris, 1572, in-8°. — En vers, dans un recueil, Catalogue La Vallière, n° 3022-24.

Enfant (l') prodigue par perfonnaiges, nouuellement tranflaté de latin en francoys, & lui bailla fon père fa part laqlle il defpendit mefchament avec folles femmes. Paris, f. d., petit in-4°, goth., 20 ff. — Edition introuvable; elle ne s'eft pas montrée en vente depuis 1784; l'exemplaire La Vallière, relié avec deux autres ouvrages (n° 3312), fut payé 42 fr. Du Verdier indique, fans en donner la date ni le format, une autre édition. Lyon, B. Chauffard; elle a difparu; ni l'une ni l'autre de ces deux édi-tions ne fe trouvaient chez M. de Soleinne, mais on y rencontrait celle de Rouen, Richard Aubert, f. d., & celle de Lyon, P. Marniolles, 1616.

Ajoutons que cet amateur n'avait pu fe procurer l'édition de Lyon, P. Rigaud, f. d. (vers 1580), dont il paraît qu'un feul exemplaire (celui de Gaignat & de La Vallière) a paffé en vente.

Les frères Parfait ont donné une analyfe de cette pièce dans leur *Hiftoire du théâtre françois* (tom. III, p. 39-44).

Entree & couronnement du roy noftre fire en fa ville de Naples, faicte le XXII *iour de Feurier mil* CCC. IIIIXX *&* XIII. In-4°, goth. — Cet opufcule fe trouvait avec plufieurs autres, également relatifs à l'expédition de Charles VIII en Italie, dans un recueil qui a été payé 2099 fr. à la vente Cofte. Le *Manuel du Libraire* indique un grand nombre de pièces relatives à des *entrées* de fouverains & devenues exceffivement rares.

Epiftre envoiee au tigre de la France. S. l. n. d., 7 ff. — Eloquente déclamation contre le cardinal de Lorraine, alors tout puiffant. On l'a attribuée, avec toute vraifemblance, à F. Hotman. Un malheureux imprimeur, Martin Lhomme, accusé de l'avoir mife fous preffe, fut pendu le 13 juillet 1560 par arrêt du Parlement.

Voir les détails que donne le *Manuel* (tom. II, p. 1032), & les écrits auxquels il renvoie. On ne connaît qu'un feul exemplaire de cet opufcule; le libraire Techener le céda à M. J.-Ch. Brunet, & à la vente de cet illuftre bibliographe, ces quelques pages furent achetées au prix de 1,550 fr. pour compte de la ville de Paris. Placé par bonheur dans le Musée hiftorique de l'hôtel Carnavalet, ce chef-d'œuvre d'invective a échappé à l'incendie qui, en mai 1871, a détruit la bibliothèque de l'Hôtel-de-Ville.

Epiftre fur le bruit du trépas de Clement Marot, par Jean d'Abondance. Lyon, Jacques Moderne, 1544, in-8°. — Indiqué par Du Verdier.

Epiftres (Deux) des brebis au mauvais pafteur, composées par le patient d'adverfités. Lyon, 1548, in-8°, en vers. — Catalogue La Vallière, n° 3094.

> *Erreurs du peuple commun*
> *Qui pronoftiquent la famine,*
> *De lan mil cinq cens vingt & ung*
> *Comme le faige determine.*

S. l. n. d., petit in-8°, goth., 7 ff. à 20 lignes. — En vers de dix fyllabes.

Effais de Michel de Montaigne. — L'édition origi- nale de cet ouvrage célèbre vit le jour à Bordeaux, en 1580, chez Simon Millanges, 2 tom. petit in-8° ; le même typographe en donna une feconde édition en 1582 ; une troifième fut publiée à Paris chez Jean Richer, 1587. L'édition de Paris, Abel Langelier, 1588, in-4°, la première qui contienne le troifième livre des *Effais,* eft annoncée comme la cinquième ; & comme elle fut publiée du vivant de l'auteur, qui favait bien à quoi s'en tenir, cette affertion rend extrêmement vraifemblable l'exiftence. d'une quatrième édition qui, jufqu'ici, a échappé à toutes les recherches ; elle offrirait un intérêt réel, parce qu'à chaque impreffion nouvelle Montaigne revoyait fes écrits avec plus de foin qu'il ne l'avoue, faifant des corrections nombreufes & des additions multipliées.

Notons en paffant l'élévation du prix que les bibliophiles attribuent à la première édition des *Effais ;* elle avait été payée 18 & 20 fr. aux ventes Soubife & d'Hangard, en 1784 ; elle avait même été abandonnée à 11 fr., vente Firmin Didot, en 1811 ; deux exemplaires qui figuraient à la vente Solar, ont été payés 515 et 645 fr. ; depuis, il y a eu adjudication à 2,060 fr., vente Radziwil, & à 1,650 fr. à l'une des ventes du libraire Potier

Les bibliothèques municipales de Montpellier & de Niort poffèdent cette édition de 1580 ; elle manque dans la bibliothèque de Bordeaux, où l'on devrait s'attendre à la trouver. La *Société des biblio-philes de Guyenne* a entrepris d'en donner une réimpreſſion exacte.

Eſtranges & eſpouvantables Amours d'un diable déguiſé en gentilhomme & d'une demoiſelle de Bre-tagne. — Catalogue La Vallière.

Etrange ruſe d'un Filoux habillé en femme, ayant duppé un jeune homme d'aſſez bon lieu, ſous apparence de mariage (vers 1610), in-8°. — Catalogue La Vallière, n° 3903.

Excellence (L') des barbes rouges contre les noires. Nouvellement imprimé. S. d., petit in-8°. — Opuſ-cule en vers de dix ſyllabes qui paraît de la fin du quinzième ſiècle. Il eſt accompagné d'une lettre en proſe ſignée N. R. & adreſſée à M. de P. T. Q.

FAITS *merveilleux de Virgile.* — Quelques anciennes éditions de ce petit roman, bafé fur d'anciennes traditions, font introuvables aujourd'hui ; celle *imprimée nouvellement,* petit in-8°, goth., 16 ff., n'a jamais, ce nous femble, paru dans les ventes ; celle de Paris, G. Nyverd, petit in-8°, goth., ne s'y eft pas montrée depuis le Catalogue La Vallière ; un exemplaire, relié en maroquin, n° 4091, y fut adjugé pour 7 fr. ; il fe paierait aujourd'hui 400 à 500 fr. Un exemplaire de l'édition de Paris, J. Trepperel, f. d., in-4°, 10 ff., a atteint 1,320 fr. à la vente Yemeniz, n° 1364.

Divers favants fe font occupés de cette légende ; le travail le plus étendu fur ce fujet eft celui de M. Ed. Du Méfil : *De Virgile l'enchanteur,* inféré dans les *Mélanges archéologiques & littéraires* de cet érudit. Paris, Franck, 1850, in-8°, p. 425-478.

Fantaifies (les) du monde qui règne. — Opufcule en vers qui n'eft point cité au *Manuel;* il faifait partie d'un recueil, Catalogue La Vallière, n° 2980.

Farces. — Il exiſte un certain nombre de ces petites comédies qui amuſaient ſi fort nos aïeux, peu difficiles ſur le chapitre des convenances. Le *Manuel du Libraire* (tom. II, col. 1179) en indique un certain nombre, & on peut conſulter également le Catalogue Soleinne (tom. I, p. 128 & ſuiv.); mais la plupart de ces pièces ont été réimprimées, ſoit ſéparément & à petit nombre, ſoit dans quelques collections; le bibliophile Caron reproduiſit vers 1800 le volume aujourd'hui ſi rare & ſi recherché, publié par Nicolas Rouſſet en 1612 : *Recueil de plufieurs farces tant anciennes que modernes* (1); & les ſept farces qu'on y trouve ſe rencontrent de rechef dans la nouvelle édition de la collection Caron, dont le premier volume vient de paraître chez l'éditeur A. Barrault, à Paris (avril 1872).

(1) Voir la *Bibliothèque du théâtre françois*. Dreſde (Paris), 1756, t. I, p. 6-11, & Du Roure, *Analecta Biblion.*, t. I, p. 321-326. L'exemplaire du duc de La Vallière, payé 124 fr., s'eſt retrouvé à la vente Soleinne, n° 697, où il fut adjugé à 417 fr., & il entra dans la riche collection de M. Cigongne, acquiſe, après la mort de ce fervent amateur, par Monſeigneur le duc d'Aumale. C'eſt, ce nous ſemble, le ſeul catalogue du dix-neuvième ſiècle où figure ce volume précieux. Nous n'avons pas beſoin d'ajouter qu'un précieux manuſcrit du Catalogue La Vallière, n° 3304, contenait 74 farces & moralités, qui ont été publiées par les ſoins de MM. Franciſque Michel & Leroux de Lincy. Paris, Techener, 1831-1837, 4 vol. petit in-8°, tirés à 76 exemplaires.

Il a exiſté deux compoſitions de ce genre dont on ne poſſède plus que des fragments :

Farce nouvelle fort joyeuſe des femmes qui apprennent à eſcrire en groſſe lettre à cinq perſonnages. Ceſt aſſauoir, deux femmes, le maiſtre & deux eſcoliers.

Farce nouuellement faicte à quatre perſonnages. Ceſt aſſauoir, Formage, Farine, Petit-Tournois & Tartelette. Paris, Guillaume Bineaulx.

Grâce à une de ces bonnes fortunes bibliographiques bien rares aujourd'hui, un libraire de Berlin, M. Aſher, a découvert, il y a une vingtaine d'années, un recueil de 74 farces françaiſes, preſque toutes inconnues, qui eſt entré au *Britiſh Muſeum;* ces pièces ont été réimprimées dans les trois premiers volumes de l'*Ancien théâtre français* (Paris, Jannet, 1854-1857, 10 vol. in-16), qui fait partie de la *Bibliothèque elʒévirienne.*

Fardelet (le Petit) des faits, traduit par F. Farget. — L'auteur du *Manuel* dit n'avoir jamais rencontré une édition de Lyon, 1490, indiquée par Maittaire; celle de Lyon, 1478, ſignalée dans la ſeconde édition de la *Bibliothèque* de La Croix du Maine, eſt reſtée inconnue, & paraît n'être citée que par mépriſe. La plus ancienne dont l'exiſtence eſt conſtatée eſt celle de Lyon, 1483, dont un

exemplaire eſt conſervé à la bibliothèque de
Sainte-Geneviève. On ſait que ce livre eſt une traduction du *Faſciculus temporum* du chanoine Werner
Rolewinck, fréquemment réimprimé au quinzième
ſiècle.

*Faulceté (la), trayſon & les tours de ceulx qui ſuiuent
le train damours.* In-4°, goth., 58 ff. (vers 1500).
— En vers de dix ſyllabes. Depuis la vente La
Vallière (n° 2909), où un exemplaire de ce poème
ne dépaſſa pas 9 fr. (1), il ne s'eſt plus montré en
France, mais on l'a revu en Angleterre aux ventes
Heathcote & Heber; c'était très probablement le
même exemplaire figurant ſucceſſivement ſur trois
catalogues.

Fauxbourgs (les) d'Enfer, par Jean d'Abondance.
Lyon, Jacques Moderne, ſ. d., in-8°. — Opuſcule
indiqué par Du Verdier & qu'on ne retrouve plus.

Fier à bras. — Diverſes éditions de ce roman de
chevalerie, publiées au quinzième ſiècle, ſont d'une

---

(1) Une note manuſcrite, ſur notre exemplaire du Catalogue La
Vallière, renvoie, pour un extrait de ce poème, au *Mercure de
France* (mai 1742, p. 1065).

rareté exceffive ; celles de Genève, Simon Du Jardin, f. d., & même ville, Louis Garbin, 1483, ne font connues chacune que par un exemplaire unique, confervé dans des bibliothèques anglaifes.

Ces éditions font en profe ; l'ancien texte en vers a été publié pour la première fois par MM. A. Kræber & G. Servois. Paris, Vierweg, 1861, in-16. (Voir L. Gautier, *Epopées françaifes,* tom. II, p. 306.) Une analyfe infuffifante du texte en profe fe trouve dans la *Bibliothèque des romans* (novembre 1777, p. 39-67), mais on confultera avec bien plus de profit l'*Hiftoire de la littérature provençale,* par Fauriel (tom. III, p. 1 & fuiv.), & l'*Hiftoire littéraire de la France* (tom. XXII, p. 190-212). Le *Fier à bras* n'eft, d'ailleurs, qu'une imitation affez infipide de la mauvaife chronique du pfeudo-Turpin.

Fleur (la) de la fcience de pourtraicture & patron de broderie, façon arabefque. Paris, 1530, in-4°. — Ce volume n'eft connu que par la mention qui en eft faite fur un catalogue du fiècle dernier, celui de Picart.

Fleur de poefie françoife, recueil joyeulx contenant plufieurs huictains, dixains, quatrains & autres dictez de diverſes matieres. Paris, Alain Lotrian, petit in-8°, 64 ff. — Nous ne connaiſſons aucune vente de ce livret; il manquait chez le duc de La Vallière.

Fleur (la) de toutes les plus belles chanſons. Paris, 1600, in-24, 421 p ; Paris, 1614, in-24, 417 & 12 p. — Ni l'une ni l'autre de ces éditions ne portent de nom de libraire ; le *Manuel* n'en mentionne aucune vente, mais il s'eſt trouvé dans la bibliothèque de M. J.-Ch. Brunet un exemplaire de l'édition de 1600, qui s'éleva au prix de 910 fr. (n° 352).

Fleur des chanſons nouvelles. Lyon, B. Rigaud, 1586, in-16, 87 ff.

Fleur de pluſieurs belles chanſons nouvelles tant d'amour que de guerre. Lyon, ſans nom d'imprimeur, 1596, in-16, 64 p.

D'après le *Manuel*, ces deux recueils diffèrent l'un de l'autre. Où les rencontrer aujourd'hui?

Fleur (la) des patrons de lingerie à deux endroits, à voints croiſés, à point couché & à point piqué. Lyon, Pierre de Sainte-Lucie, 1549, in-4°. — On ne rencontre ce volume que ſur un des catalogues La Vallière. Nous en indiquons du même genre, &

tout auffi introuvables, aux mots *Livre, Patrons* &
Tréfor. — Ces ouvrages fur la lingerie font très
recherchés; le *Manuel* cite en détail diverfes éditions
de ceux de Federic de Vinciolo; on peut ajouter à
fes indications les éditions de Bale, 1599, & de
Lyon, 1603, qui figurent au Catalogue Yemeniz,
nᵒˢ 1106 & 1107, payées 220 & 660 fr.

*Friant deffert des femmes mondaines, par un licencié
en droit canon, dédié à la plus mauvaife du monde.*
Paris, 1643, in-12. — On n'a vu que fur un feul
catalogue (celui de Hope) un exemplaire imparfait
de ce livre très peu connu, mais qui paraît devoir
fe ranger parmi les traités de morale & non parmi
les facéties.

*Fricaffée (la) huguenote fur les traiftres rebelles à
Sa Majefté, jouxte la copie, imprimée à Niort par
Jofué le Cuifinier,* 1621. — Catalogue La Vallière.

Foreft (la) de trifteffe, poëme, par Jehan de Mun.
Paris, f. d. (vers 1530), petit in-8ᵒ, goth. — On
ne connaît qu'un feul exemplaire de ce poème,
celui du baron d'Heifs, qui a paffé en vente en
1784, & que M. Cigongne avait placé dans fa
riche collection. La compofition de cet écrit a eu

lieu après 1456, puifqu'on y trouve une épitaphe fe rapportant à cette date ; l'auteur ne faurait donc être, comme on l'a cru quelque temps, Jean de Meun, le continuateur du *Roman de la Rofe,* mort plus d'un fiècle auparavant. Il eft à remarquer que ni La Croix du Maine, ni Du Verdier n'ont parlé de Jean de Mun, qui refte tout à fait inconnu.

Fort bafton (le) de Madame la Vérité pour chaftier Malebouche à tous maldifants des dames, né, trouvé & nourry es terres & bofcages du feigneur de Labedan, vicomte de Chafteaubrun en la comté de Bigorre, avec l'honneur, louange & tréfor des dames. Tholofe, 1534. — Livre indiqué par M. Paul Lacroix comme abfolument introuvable. Nous ne le trouvons pas mentionné·au *Manuel du Libraire.*

G**ALYEN** *Rethore (le Roman de)*. Paris, Verard,
1500, in-fol. — Edition rariffime de ce roman
de chevalerie; il manquait chez le duc de La
Vallière & chez le prince d'Effling (qui s'était
attaché à réunir les romans de chevalerie); l'édition
de Lyon, Claude Nourry, 1525, eft tout auffi
difficile à rencontrer; elle ne s'eft pas montrée en
vente depuis celle de Gaignat, où un exemplaire
fut adjugé à 19 fr. Le *Manuel* dit qu'il fe paierait
au moins 200 fr. aujourd'hui; nous ne doutons
pas qu'un bel exemplaire, élégamment relié,
n'atteignît 1,500 ou 2,000 fr.

Un exemplaire de l'édition de Verard, ayant
appartenu à M. J. Pichon, fe trouve chez le duc
d'Aumale. L'édition de Lyon, Ol. Arnoullet,
f. d., in-4°, eft également d'une exceffive rareté.
M. J.-Ch. Brunet dit n'en avoir jamais vu qu'un
exemplaire incomplet des derniers feuillets. La
Bibliothèque des romans (octobre 1778, tom. II,
p. 90-114) donne une analyfe de cette compofition.

Garand (le) des dames foubȝ la protection d'honneur

contre les caloumnies de la nobleſſe feminine. Lyon,
ſ. d., in-8°. — L'auteur de ce livre, dont le titre
ſeul s'eſt conſervé, ſe nommait Le Garand. Le
Manuel n'en fait aucune mention.

Gargantua. — La plus ancienne édition connue,
avec date, du premier livre de la célèbre épopée
ſatirique de Rabelais eſt celle de Lyon, François
Juſte, M. D. XXXV, in-24 allongé, caraɕt. goth.,
102 ff. non chiffrés. Un exemplaire, relié avec le
ſecond livre de 1534 et la *Prognoſtication* de 1535,
fut adjugé 99 fr. en 1825, & 140 fr. à l'une des
ventes du fonds de la librairie De Bure, en 1834.
Acheté par M. J.-Ch. Brunet & relié en maroquin
par Bauzonnet, il a été adjugé à 3,750 fr. en
1867, à la vente de l'auteur du *Manuel du Libraire*,
n° 422.

La première édition du *Pantagruel* eſt un in-4°
de 64 ff. Lyon, Claude Nourry, ſ. d. M. Brunet
croit pouvoir en fixer la date à 1532, & il eſt bien
vraiſemblable que le *Gargantua* avait paru avant
1534, & peut-être dans le format in-4°. M. Brunet
exprime la conviɕtion que « le premier livre du
Pantagruel a été compoſé avant le *Gargantua* »,
aſſertion qui paraît fort conteſtable, mais il ne
s'agit pas de la diſcuter ici.

Plufieurs éditions forr anciennes de portions des écrits de maître François ont été découvertes depuis vingt ans; elles étaient complètement ignorées; nous indiquerons feulement un exemplaire imparfait (aujourd'hui à la Bibliothèque nationale) d'une édition du *Pantagruel,* imprimé à Poitiers par les Marnef, M. D. XXX. iii, petit in-8°, goth., 84 ff.

Cet exemplaire fut rencontré au milieu d'un tas de vieux livres fans valeur par un bibliophile bordelais dans une ville du Midi; il a été l'objet d'une notice publiée en 1844. (Paris, Techener, in-8°, 36 p., à 100 exemplaires.) Cette édition poitevine eft d'autant plus précieufe qu'elle préfente, dans le premier & furtout dans le fecond chapitre, des additions affez confidérables qui ne fe retrouvent dans aucune autre. M. J.-Ch. Brunet les a reproduites dans fes *Recherches fur les éditions originales des cinq livres du roman fatirique de Rabelais* (Paris, Potier, 1852), où il parle en détail de cette édition (p. 56 à 64) (1). Il ajoute (p. 57) que la *Notice* eft

---

(1) Parmi les variantes fignalées dans la *Notice* de 1844, nous en citerons une digne d'attention. On lit au chapitre XXIII, dans toutes les éditions jufqu'alors connues, dans celles des Elzevier, de Le Duchat, de De l'Aulnaye, d'Eloy Johanneau, &c. : *Pantagruel ouyt nouuelles que fon père Gargantua auoyt eflé tranflaté au pays des Phées par Morgue comme feut iadyz Ogier & Artus.* L'édition de Poitiers, d'accord avec celle de F. Jufte, donne : *Enoch & Elie.* Ce rapprochement peu

« un morceau fort curieux dont l'auteur a fait preuve d'érudition & de goût ».

Rabelais avait écrit plufieurs almanachs, publiés à Lyon en 1533, 1535 & depuis (voir le *Manuel,* tom. IV, col. 1065); on en connaît quelques fragments, qui fe trouvent dans des éditions récentes, notamment dans celle revue par M. Paul Lacroix ; mais ces écrits, auxquels le nom de l'auteur donne quelque importance, n'ont pas été retrouvés jufqu'à préfent

Giglan (l'Hiftoire de), filʒ de meffire Gauuain, qui fut roy de Galles. — Une édition in-fol., portée au Catalogue Gaignat avec la date de 1530, ne fe retrouve nulle part. Une autre édition, Lyon, Cl. Nourry, in-4°, figure au Catalogue La Vallière, & c'eft peut-être le même exemplaire qui s'eft montré en 1865 à l'une des ventes du libraire Techener & qui a été payé 1,100 fr.

Glorieux (le) retour de Lempereur de Provence... tranflaté d'italien en françoys. S. l. n. d., in-4°, 8 ff.

orthodoxe, admis d'abord, effraya plus tard, & le texte fubit un adou-ciffement ordonné par la prudence. Ce qu'on tolérait en 1534 n'était plus de faifon quelques années après ; la libre-penfée était furveillée de plus près.

— Cette pièce, écrite vers 1536, a eu deux réim-preſſions : Lyon, 1537, & ſ. l. n. d. ; tout cela eſt introuvable aujourd'hui & manquait dans la collection La Vallière.

Grande (la) patience des femmes contre leurs maris. La grande loyaulté des femmes. S. l. n. d. (vers 1530), petit in-8°, goth. — En vers. Ces deux pièces, de 4 ff. chaque, n'ont paru que dans des ventes faites en Angleterre ; elles ne figurent pas au Catalogue La Vallière.

Grande trahiſon & volerie du roy Guillot, prince & ſeigneur de tous les larrons, bandolliers, ſacrilèges, voleurs & brigans du royaume de France. (Vers 1567.) Petit in-8°, 20 ff. — 770 vers de 10 ſyllabes ; attaques très vives contre le prince de Condé ; nous ne le trouvons qu'au Catalogue La Vallière, n° 3206.

Grans (les) & merveilleux faits du ſeigneur Nemo auec les privileges qu'il a & la puiſſance qu'il peut auoir depuis le commencement du monde iuſques à la fin. S. d., petit in-8°, goth., 8 ff. — Opuſcule en vers attribué à Jean d'Abondance. Du Verdier en indique deux autres éditions imprimées à Lyon, & le *Manuel* en fignale une in-4°, 2 ff. Nous trouvons deux éditions dans des recueils du Catalogue La Vallière, nᵒˢ 2975 & 3070, mais nous ne les trouvons que là.

Grans (les) noelʒ nouueaulx compoſés en pluſieurs chanſons tant vieilles que nouuelles en francoys, en poytevin & en ecoſſois. Paris, J. Nyverd, ſ. d., in-8°, 24 ff. — Ce livret ſe trouvait dans un recueil porté au Catalogue La Vallière nᵒ 3081 ; il exiſte une autre édition, également ſans date. Une d'elles a été payée 320 fr. à la vente J. Pichon, nᵒ 661. Une édition, qui n'eſt peut-être pas la même que celles mentionnées au *Manuel,* figure au Catalogue Cigongne, nᵒ 1288.

Grant (le) triumphe & honneur des dames & bour-geoiſes de Paris & de tout le royaulme de France. 1531, petit in-8°, goth., 4 ff. — Cette pièce ſe trouvait dans un recueil, Catalogue La Vallière, nᵒ 2896.

HECTOR de Troyes. Imprimé à Paris. — Edition indiquée fort fuccinctement par Du Verdier (tom. II, p. 253); elle eft d'ailleurs inconnue; il exifte deux autres éditions de ce roman de chevalerie, l'une imprimée à Lyon, f. d., & qui ne s'eft pas préfentée dans les ventes, l'autre publiée à Troyes en 1609.

Hermenigilde, tragédie (cinq actes), par Gafpard Olivier. Auxerre, 1601, in-8°. — Cette pièce n'eft indiquée ni dans la *Bibliothèque du théâtre françois*, ni au *Manuel du Libraire;* M. de Soleinne n'en avait qu'une copie manufcrite (tom. III, p. 29 de fon Catalogue).

Hiftoire admirable advenue à Thouloufe d'un gentilhomme qui s'eft apparu plufieurs fois à fa femme deux ans après fa mort. 1609, in-8°. — Catalogue Méon, n° 4051.

Hiftoire coquette, ou l'abrégé des galanteries de quatre foubrettes campagnardes, contenant la rencontre d'une dupe che₃ le meſſager de Bois-Commun, avec le portrait au naturel de Barillet-Bitry, de ſa femme & de pluſieurs autres, compoſé par M. de M... Amſter-dam, 1669, petit in-8°, 8 ff. & 88 p. — L'épître dédicatoire eſt ſignée de Mareuil. C'eſt un dialogue en proſe mêlé de quelques vers. Un exemplaire au Catalogue La Vallière.

Hiſtoire de Sainſte Su₃anne, exemplaire de toutes ſages femmes. Troyes, N. Oudot, ſ. d., in-8°, 30 ff. (vers 1600). — Cette Moralité n'a pas reparu depuis la vente La Vallière. Une analyſe dans la Bibliothèque du théâtre françois (tom. I, p. 29-31).

Hiſtoire & tragedie du mauvais riche, repréſentée par quator₃e perſonnages. Rouen, D. Couſturier, ſ. d., petit in-8°. — Un exemplaire, 12 fr., vente La Vallière, n° 3414.

Hiſtoire horrible & eſpouvantable d'un enfant lequel après avoir meurtri & eſtranglé ſon père, enfin le pendit. Paris, J. de Laſtre, ſ. d., petit in-8°, 8 ff.

Hiſtoire tragedienne, tirée de la fureur & tyrannie de Nabuchodonoſor. Rouen, A. Couſturier, ſ. d., in-8°, 16 ff. — Nous ne rencontrons dans les ventes que l'exemplaire La Vallière qui, relié en maroquin, ne dépaſſa pas 8 fr. 50.

Hiſtoire épouvantable d'un eſprit incube, lequel a abuſé une jeune demoiſelle eſpagnole. Paris, 1617, in-8°.

Hiſtoire pitoyable de deux capucins martyriſés par des Juifs dans la ville de Turin. 1618, in-8°. — Il exiſte un grand nombre de livrets racontant des événements d'une authenticité très conteſtable & deſtinés à ſatiſfaire la curioſité publique : *Hiſtoire d'un epouvantable cas arrivé à Naples, Hiſtoire horrible d'un homme plus qu'enragé, Hiſtoire prodigieuſe d'un ours,* &c. La bibliothèque La Vallière poſſédait une collection de ces opuſcules introuvables aujourd'hui, mais qui n'ont pas aſſez d'importance pour être ſignalés en détail.

Hiſtorique deſcription du ſolitaire & ſauvage pays de Medoc dans le Bourdelois, par feu M. de la Boetie. Bourdeaux, Millanges, 1593, in-8°. — Cet ouvrage de l'illuſtre ami de Montaigne eſt mentionné dans la *Bibliothèque hiſtorique de la France,* n° 2230; elle dit qu'on y a ajouté quelques vers qui ne figurent point parmi ceux publiés par l'auteur des *Eſſais,* mais l'*Hiſtorique deſcription* s'eſt juſqu'ici dérobée aux recherches les plus actives ; on ne la connaît que de titre, & ſon exiſtence a été miſe en doute.

Holopherne, tragedie ſacrée, extraite de l'hiſtoire de Judith, par A. d'Am. Par. (Adrien d'Amboiſe, Pariſien.) Paris, Abel l'Angelier, 1580, petit in-8°. — Cette pièce s'eſt montrée en 1819 à la vente d'un bouquiniſte, Regnault-Bretel ; elle fut acquiſe par la Bibliothèque alors royale. C'eſt le ſeul exemplaire connu. M. de Soleinne l'avait inſcrite parmi ſes *deſiderata* (tom. I, p. 184 de ſon Catalogue).

Honneur (l') des preſtres, nouuellement imprimé à Rouen (vers 1496), in-4°, goth., 10 ff. — Nous ne rencontrons ce livret ſur aucun catalogue, ſi ce n'eſt ſur celui de La Vallière, n° 2958. C'eſt d'ailleurs le même texte que celui du *Livre des preſtres* indiqué au *Manuel* & qui porte la date de 1478 (M. CCCC. LXVVVIII), mais il y a là ſans doute une erreur, & il faut lire 1498.

IMITATION (*le Livre très salutaire de l'*). Paris, Lambert, 1493 & 1494, petit in-4°; J. Trepperel, f. d., in-4°. — Edition introuvable aujourd'hui. On ne connaît que deux exemplaires de la plus ancienne traduction de l'*Imitation* en français, Tholofe, Henric Mayer, 1488, in-4°. L'un fut acquis en 1812 par la Bibliothèque alors impériale; l'autre appartient à M. Vezy, bibliothécaire de la ville de Rodez. Obfervons que ce volume femble trancher en faveur de Touloufe la queftion vivement débattue (1), de favoir fi c'eft dans cette ville ou à Tolofa qu'Henri Mayer établit fes preffes, d'où fortirent des ouvrages latins & efpagnols.

Indignation de Cupidon. L'amoureux de vertu. Paris, Ch. Wechel, 1546, in-8°. — Ouvrage en vers dont l'auteur refte ignoré. Il femble qu'on n'en connaît qu'un feul exemplaire, qui figure aux Catalogues Heber (VI, 1589) & Cigongne, n° 839.

----

(1) Notamment entre M. Defbarraux-Bernard, bibliophile touloufain fort inftruit, défenfeur zélé des titres de la capitale du Languedoc, & M. Hubeaud, de Marfeille, qui les a combattus avec énergie.

Inſtruction de chevalerie & exercice de guerre. Paris, E. Johannot, ſ. d. (vers 1495), in-4°. — On ne rencontre qu'une ſeule adjudication : celle du Catalogue La Vallière, à 13 fr.

Inſtruction très bonne & très utile faite par quatrains. Lyon, B. Rigaud, 1556, in-16.

Internelle conſolation (le Livre de l'). Rouen, 1498, in-4°. — Cet ouvrage, diviſé en trois livres, offre, on le fait, une très grande analogie, pour le fond des idées & pour leur développement, avec l'*Imitation;* il ſoulève des queſtions intéreſſantes, fort bien diſcutées dans la longue préface que MM. L. Moland & Ch. d'Héricault ont placée en tête de l'édition qu'ils ont donnée en 1856 de l'*Internelle conſolation;* elle fait partie de la *Bibliothèque elzévirienne*. La plus ancienne édition connue a pour titre : *Le liure intitulé éternelle conſolacion;* on n'en connaît qu'un ſeul exemplaire, celui de la Bibliothèque mazarine, & il eſt incomplet de 3 ff.

J ARDIN (le) de Gennes, avec la plainte de Religion & foular de Labeur. Compofé nouuellement à l'honneur du roy très chreftien. Contenant treize perfonnages. S. l. n. d., petit in-4°, goth.

Cette production dramatique eft reftée inconnue aux bibliographes jufqu'en 1831; il en parut alors à la vente Nugent un exemplaire incomplet, le feul qui fe foit montré; il paffa dans la collection Soleinne. C'eft une compofition en vers de huit fyllabes, infpirée par la prife de Gênes, effectuée par François Ier au mois d'août 1527.

Jardin muſiqual (fic) *contenant pluſieurs belles fleurs de chanſons à trois parties, choyſies dentre les œuvres de pluſieurs autheurs excellent en lart de muſique. Le premier livre, Anvers, par Hubert Waelrandt & Jean Laĉt.* S. d. (vers 1550), in-4° oblong. — Indiqué au *Manuel;* devenu d'une rareté extrême.

Jardin de plaiſance. Paris, 1505, in-fol. — Il paraît que cette édition n'a point paffé en vente publique; le *Manuel* en décrit deux autres, f. d., in-fol., données par Antoine Vérard, qui n'y a point mis fon nom ; il ne cite aucune adjudication ni de l'une, ni de l'autre ; il en eft de même pour l'édition de Paris, veuve Trepperel, f. d., in-4°. (Un exemplaire s'eft depuis adjugé 160 & 230 fr. aux ventes Pichon & Potier.) L'édition J. Trepperel, f. d., in-4°, ne figure que fur le Catalogue de Richard Heber.

Ce *Jardin* eft une forte d'Art poétique, avec exemples choifis dans divers poètes du quinzième fiècle, & il offre un intérêt réel.

Jeu de l'Adventure & devis facétieux des hommes & des femmes, auquel par élection de feuillet fe rencontre un propos pour faire rire la compagnie, le tout par quatrains. — On ne connaît cet écrit que par la mention qu'en fait Du Verdier (I, 186), lequel le fignale comme imprimé plufieurs fois à Paris & à Lyon, in-32. C'était fans doute un recueil de demandes & de réponfes dans le genre des *Sorti* de Francefco Marcolini (*Venetia*, 1540) & du *Temple des oracles* de G. d'Hervé, reproduit dans la *Bibliothèque elzévirienne*.

Jeu (le) des efchez moralifé. Paris, Ant. Vérard, 1504, in-fol. — Cette édition, d'une traduction françaife de l'ouvrage latin de Jacques de Cefſoles (*Solacium ludi fchacorum),* ne figure, ce nous femble, fur aucun catalogue. La Bibliothèque nationale en poffède un exemplaire fur vélin.

Jeu & myſtère de la fainte hoſtie, par perfonnages (au nombre de 25). Paris, J. Bonfons, f. d., petit in-8°. — M. de Soleinne n'avait pu fe procurer qu'un exemplaire imparfait du titre; Méon avait dû fe contenter d'une copie fur vélin; on n'a pas vu paffer en vente, depuis celle de La Vallière, l'édition de Paris, f. d. Voir, fur ce *Jeu,* l'*Hiſtoire du théâtre françois* par les frères Parfait (tom. II, p. 365-376).

Jours (les) heureux & périlleux de l'année révélés par l'ange au bon Saint Job. In-8°, goth., f. d. (vers 1500). — Partie en profe, partie en vers. Ce livret, qui figure au Catalogue La Vallière, pourrait offrir quelque intérêt au point de vue de la connaiffance des idées fuperſtitieufes alors en vogue.

Jouvencel (le). Paris, Vérard, 1493, in-fol. — On ne trouve d'exemplaire de ce roman chevalerefque & allégorique que fur le Catalogue La Vallière. Il ne dépaffa pas 75 fr., mais en 1860, à la vente

Solàr, un exemplaire de l'édition de 1529 fut payé 1,000 fr. Depuis, on a adjugé deux autres exemplaires à 430 & à 750 fr., ventes Defq & Yemeniz. Ces éditions font d'ailleurs incomplètes & fautives. Voir, fur le *Jouvencel,* une notice de M. de Barante (*Revue françaife,* n° 8, mars 1829), reproduite dans les *Mélanges* de cet écrivain (tom. II, p. 137).

Joyeux bouquet (le) des belles chanfons nouuelles. Lyon, 1583, in-16, 62 p. — Livret introuvable. Il en eft de même du fuivant : *Joyeux devis (le) récreatif de l'efprit troublé, contenant plufieurs ballades, epiftres, chanfons.* Paris, 1538, in-8°. — Edition citée dans la *Bibliographie* de De Bure ; l'auteur du *Manuel* déclare ne l'avoir jamais vue ; Du Verdier indique, fans en donner la date, une édition de Paris, Alain Lotrian. Le *Manuel* fignale celle de Lyon, B. Rigaud, 1555, mais il ne dit rien de celle de Lyon, Ol. Arnoullet, f. d., petit in-8°, 72 ff., dont un exemplaire s'eft montré à la vente Potier en 1870, n° 798.

LARMES ou chants funèbres fur les tombeaux de deux hommes illuftres & très puiffans princes du Saint Empire & des trois fleurs rares de notre France, perles précieufes de notre temps, par Jofeph Duchefne, fieur de la Violette. Genève, 1592, in-4°.

Légende (la) de Saint Hildevert, evefque de Meaux, en Brie, par Louis Oudin de Gournay. Rouen, Jean Crevel, f. d., petit in-8°. — Du Verdier mentionne cet écrit dans la *Bibliothèque françoife,* & il tranfcrit les quatre derniers vers.

Lettre d'un gentilhomme de la Vatteline, fignée Denis Tibi, envoyée au grand maître des cocus reformez pour avoir fa reigle, attendu le grand nombre qui eft en fon pays. S. l., **24** ff., in-8° de **44** p. — Catalogue Leber, n° 3508.

Libre gras (lou). Recoumendations d'Augié Gaillard, poete de Rabeftens en Albigez, al Rey per eftre mes en cabal per la fio Mageftat. Lyon, fans nom d'imprimeur & fans date, in-8° — On connaît diverfes éditions de plufieurs recueils de vers d'Augié Gaillard, mais celui-ci a difparu, ce qu'on peut attribuer à la licence qui fe montre d'ailleurs dans certaines productions de ce rimeur; M. G. de Claufade ne les a pas admifes dans la réimpreffion qu'il a publiée à Alby en 1843.

Livre de figures ponctuées pour apprendre à faire de la broderie. In-4°, 40 ff. — On ne connaît qu'un exemplaire tiré fur vélin & incomplet du titre, lequel s'eft montré aux ventes La Vallière & Mac-Carthy.

Livre de tablature de flûtes d'allemand, par Simon Gorlier. Lyon, 1558. — Nous devons l'indication de cet ouvrage à Du Verdier, qui fignale du même auteur :

Livre de tablature de guiterne.

Livre de tablature de ciftre.

Livre de mufique à quatre ou cinq parties.

Premier livre de tablature d'efpinette, contenant motets, fantaifies, chanfons, madrigales & gaillardes. 1560, in-4°.

Livre des connoilles. S. l. n. d., Lyon, M. Hufz, in-4°, 27 ff. — Edition dont on ne cite aucune vente; un exemplaire d'une autre édition, 38 ff., a paru aux ventes Cailhava & Yémeniz, 650 & 1,500 fr. C'eſt le même ouvrage que l'*Evangile des quenoilles,* dont il exiſte auſſi des éditions de la plus inſigne rareté; celle de Lyon, Mareſchal, 1493, n'eſt connue que par la mention qu'en fait Du Verdier.

Obſervons qu'il s'agit d'un recueil de préjugés populaires, de ſuperſtitions de vieilles femmes, & qu'une partie de ces diĉtons ſe retrouve dans les *Ordenanſas del Libre blanc.* (Voir ce mot.)

Livre des gects, grandement profitable pour Meſſeigneurs les marchands. S. l. n. d. (Lyon? vers 1520), in-4°. — Cet ouvrage ne ſemble connu que par la mention qui en eſt faite au Catalogue Du Fay en 1729.

Liure (le) des troys filʒ de roys. Lyon, J. de Vingle, 1501, in-fol. — On ne trouve cette édition ſur aucun catalogue. Une autre, également de Lyon, 1504, in-fol., n'eſt connue que par la mention qui en eſt faite au Catalogue du duc de Roxburghe, Londres, 1812; on ne ſaurait ſuppoſer que c'eſt la même que celle de Cl. Nourry, qui eſt un in-4°, avec la date de 1503.

Livre des vifions fantaftiques. (En vers, avec plufieurs épigrammes.) Paris, Pierre Roffet, 1542,
in-8°, 24 ff. — Le *Manuel* ne cite aucune vente,
mais on retrouve cet ouvrage (avec le nom de
Denis Janot) au Catalogue La Vallière, n° 3148;
il fut adjugé à 4 l. 3 fols.

*Loyaulté confciencieufe des taverniers avec l'honnefte
reception & belle chere des hoftes & hofteffes.* Paris,
1602, petit in-8°. — Opufcule en vers, infcrit au
Catalogue Barré, n° 6922.

Loyaulté confciencieufe des tavernières. S. l. n. d.,
in-16, 37 ff. — Livret en dizains; chacun d'eux
eft fuivi d'un quatrain en vers de dix fyllabes. La
Monnoye l'indique dans fes notes fur La Croix du
Maine. Quelles différences exiftent entre ces deux
compofitions? C'eft ce qu'il ferait difficile de
conftater.

MAURICE, *tragédie dédiée au prince de Vaude-mont, François de Lorraine*. Pont-à-Mouſſon, Melchior Bernard, 1606, petit in-12. — Cette pièce manquait à la collection de M. de Soleinne, qui en avait cependant obtenu une copie manuſcrite. Il en eſt queſtion dans l'ouvrage de M. Beaupré : *Nouvelles recherches de bibliographie lorraine*.

Mécontentement (le) arrivé aux dames d'amour ſuivant la Cour. Paris, 1625, in-8°. — Un exemplaire figure au Catalogue La Vallière (tom. II, p. 587).

Mémoire & épitaphe de feu prince Domp Fernande, roy de Caſtille, par le Songeur. Anvers, ſ. d. (mais vers 1516), in-fol. — On a vu paſſer en vente, dans la *Bibliotheca heberiana*, un exemplaire de cette pièce rare; elle a été adjugée à 123 fr. environ (4 1. ſt. 19 ſh.). Le *Manuel* (au mot *Songeur*) indique trois autres opuſcules publiés ſous ce nom, qu'avait adopté Nicaiſe Ladam ou l'Adam.

Merveilles (les) du monde felon le temps qui court; une *ballade francifque & une aultre ballade de l'efpe-rance des henouyers.* S. l. n. d., petit in-8°, goth., 4 ff. y compris le frontifpice. — Pièce en vers qui paraît appartenir à l'année 1522; elle eft d'Adrien Charpentier. Une édition de 1532 eft indiquée dans la *Bibliothèque françoife* de La Croix du Maine.

Merveilles (les) & excellence du Salmigondis de l'Aloyau. Paris, J. Martin, 1627, in-8°. — En vers. Catalogue La Vallière, n° 3903.

Merveilleufe (la) & admirable apparition de l'efprit de Vincent, en fon vivant fergent du grand fcientifique & magnifique abbé des Conards à un quidam Conard..., auquel *il raconte le triomphe & heureufe vie des Conards aux Champs-Hélifiens.* S. l. n. d., in-12. — Facétie qu'indique le *Manuel* d'après le Catalogue Chardin de 1806.

Miracle arrivé dans la ville de Genève, au mois de may dernier, d'une femme qui a accouché d'un veau à caufe du mépris de la puiffance de Dieu. Paris, J. Regnoul, jouxte la copie, imprimée à Troyes, chez J. Oudot, petit in-8°, 16 p.

*Miracle de Laon en Lannoys, repréſenté au vif &
eſcript en latin, françoys, italien, eſpaignol & allemand.*
Cambrai, chez P. Lombard, 1556, petit in-8°. —
Indiqué ſans aucun détail au *Manuel;* cherché en
vain ſur les plus riches catalogues.

Miracles (les) Noſtre Dame. S. l. n. d., petit in-4°,
goth., 82 ff. — Ce volume, extrêmement rare,
contient pluſieurs paſſages ridicules & ſinguliers;
le *Manuel* n'a cité qu'une adjudication, qui remonte
à une ſoixantaine d'années, à la vente Regnault-
Bretel, bouquiniſte pariſien; nous ne rencontrons
pas ce livre dans la collection dramatique de
M. de Soleinne.

*Miroir de l'union belgique, avquel ſe repreſente l'eſtat
ov elle a eſte redvite paſſe plvſieurs années.... le tout
en forme de tragi-comédie nouuellement mis en lumière
par Anthoine Lancel.* Imprimé nouuellement, ſ. d.
(1604) in-4°, 34 ff. — Le *Manuel* n'indique aucune
adjudication de cette pièce, dont M. de Soleinne
ne poſſédait qu'une copie manuſcrite.

*Monologue de meſſire Jean Tantoſt, lequel récite
une diſpute qu'il ha eue contre une dame lyonnoiſe à
ſon advis mal ſentant la foy; auec la ſuite dudit Mono-*

logue, laquelle fait mention d'une autre difpute qu'il ha eue contre un petit garçon. S. l., MDLXII, petit in-8°, 23 p. — Opufcule rare, en vers de huit fyllabes. Un exemplaire eft indiqué dans le Catalogue de la Bibliothèque lyonnaife de M. Cofte.

Monologue de Providence diuine parlant à la France, auec un cantique de la France, une chanfon fpirituelle fur le chant du pfaume 72 *& une ode en maniere d'echo.* En vers, 1561, in-8°, 12 ff.

Il exifte une réimpreffion, Rheims, 1561, petit in-4°, 16 ff., avec un titre modifié : *Monologue de Providence divine parlant à la France, plus un petit Devis fur le changement de la cour de France, compofé par une Demoyfelle françoife.*

Obfervons que l'indication de *Rheims* eft fuppofée. Ce monologue fe compofe de 300 vers environ ; il eft fuivi de trois chanfons & d'un dialogue rimé entre Colin & Georget fur la méchanceté du renard, c'eft-à-dire du cardinal de Lorraine. (Voir le *Chanfonnier huguenot*, publié par M. Edwin Trofs ; Paris, 1871, in-12.)

Monologue des nouueaulx fotz de la joyeufe bande ; faict & compofé nouuellement. On les vent à Paris au *Palais.* Petit in-8°, 4 ff. — Pièce de 127 vers de huit ſyllabes. Il exiſte une autre édition, également de 4 ff., avec quelques différences.

Un *Monologue des ſotʒ joyeulx de la nouvelle bande*. Paris, G. Nyverd, petit in-8°, 8 ff., différent, à bien des égards, du précédent, a été inſéré dans le 3ᵉ volume des *Anciennes poéſies françaiſes* éditées par M. A. de Montaiglon.

Monologue d'un clerc de taverne. S. l. n. d., petit in-8°, goth.

Monologue fort joyeulx auquel ſont introduictʒ deux aduocatʒ & ung iuge deuant lequel eſt plaidoyé le bien & le mal des dames. Paris, in-16, 8 ff. — Une copie figurée ſur vélin de cette pièce en vers ſe trouve au Catalogue Baudelocque, n° 862.

Moralité de la maladie de chretienté, à onʒe perſon-nages. Paris, Pierre de Vignolle, 1533, in-8°, 48 ff. — Le nom de l'auteur, Mathieu Malingre, eſt révélé par un acroſtiche. Obſervons que le nom de l'éditeur pariſien eſt une ſupercherie; l'ouvrage a été imprimé à Neufchâtel, chez Pierre de Vingle; on n'aurait pu mettre au jour, à Paris, une pièce favorable aux idées de la Réforme. Le Catalogue La Vallière offre le ſeul exemplaire qui ſe ſoit

montré aux enchères. Une copie fur vélin a figuré
aux ventes Méon & Soleinne. Il n'eſt pas fait
mention de cette *Moralité* dans la *Bibliothèque du
théâtre françois.*

*Moralité de l'homme produit de nature au monde
qui demande le chemin du paradis & y va par* IX
iournées, miſe en rime françoiſe & par perſonnaiges.
Paris, Simon Voſtre, ſ. d., in-8°. — Du Verdier
(*Bibliothèque françoiſe*, tom. II, p. 255) indique
cette production, que Beauchamps cite d'après lui,
en ajoutant qu'elle eſt en rime & par perſonnages,
ce qui permet de ſuppoſer qu'il l'avait vue. Faute
de renſeignement plus poſitif, on ne ſaurait affirmer
que ce fût une production dramatique.

*Moralité de l'orgueil & préſomption de l'empereur
Jovinien, mis en rime françoiſe & à* 19 *perſonnages.*
Lyon, Rigaud, 1584, in-8°. — Cette pièce n'eſt
connue que par le témoignage de Du Verdier, qui
dit (tom. II, p. 562) que cet ouvrage eſt extrait
des *Geſtes des Romains.*

*Moralité, myſtere & figure de la paſſion de Noſtre
Seigneur Jéſus-Chriſt, & eſt à unẓe perſonnages.* Lyon,
B. Rigaud, ſ. d., in-8°, 88 p. — Ouvrage attribué

à Jean d'Abondance & devenu introuvable. Le duc de La Vallière en poſſédait le ſeul exemplaire qu'on ait vu paſſer en vente. Méon en avait une copie figurée ſur vélin (1).

Muſique (la) de la taverne & les propheties du cabaret. Enſemble le mépris des muſes. (Vers 1620.) In-8°. — Catalogue La Vallière, n° 3913.

Moutardier (le) ſpirituelle (ſic) qui fait éternuer les ames dévotes conſtipées dans la dévotion avec la ſeringue, du même auteur. Cologne, P. Marteau, ſ. d., petit in-8°, 4 ff. — Cet opuſcule facétieux, mais peu ſpirituel (à ce qu'on aſſure), & dont le titre conſtitue le principal mérite, s'eſt trouvé dans un recueil qui a fait partie, en 1789, de la vente Lambert. Le *Manuel du Libraire* en fait mention. Il nous apprend que, ſous ce titre, fait à plaiſir, cet opuſcule (qui paraît l'œuvre d'une imprimerie particulière, vers le milieu du dix-huitième ſiècle) renferme : *Les Succeſſions (ſic) de Roger-Bontemps, par S. M. C.*

(1) Il exiſte un certain nombre de *Moralités* inédites qui mériteraient ſans doute qu'on les fît connaître par quelques extraits. M. Paulin Pâris (*Manuſcrits français de la bibliothèque du roi,* tom. VII, p. 216) en ſignale deux : celle de la *Croix Faubin* & celle de l'*Enfant mis aux lettres.*

— L'auteur du *Manuel* en poſſédait un exemplaire, faiſant partie d'un recueil de pièces rares en trois volumes, adjugé à ſa vente au prix de 2,400 fr. (Voir le n° 426 du Catalogue.) Nous avons eu l'occaſion de faire une copie de ces *Succeſſions*; c'eſt une niaiſerie qu'on peut ranger dans le genre ſcatologique.

Myſtere & beau miracle de Saint Nicolas, à vingt-quatre perſonnages. Paris, P. Sergent, ſ. d., in-8°. — Indiqué dans la *Bibliothèque françoiſe* de Du Verdier (au mot *Nicolas*).

Il exiſte une production dans le même genre : *Miracle de Mᵍʳ Sainct Nicolas : dung juif qui preſta cent eſcus à ung creſtien* (ſic) à XVIII *perſonnaiges*. Paris, veuve J. Trepperel & J. Johannot, ſ. d., in-4°, 18 ff. — Aucun des anciens bibliographes n'a connu cet écrit, dont il s'eſt rencontré un exemplaire dans une vente de livres provenant de M. Aimé-Martin; il a été adjugé à 600 fr.

NECROMANCE (la) papale, par *Pierre Viret*. Genève, 1553, in-8°. — Ce volume ne s'eſt montré que dans bien peu de ventes; c'eſt un des écrits les moins connus de ce zélé partiſan de la Réforme, lequel mit à ſon ſervice tout le luxe d'injures que l'uſage autoriſait alors dans la polémique.

Noelz nouvellement compoſez ſur le chant de pluſieurs belles chanſons. Lyon, Claude le Nourry (vers 1520), petit in-8°, 8 ff. — On remarque dans ce livret un écrit en langage lyonnais ruſtique; un exemplaire fut payé 10 fr. à la vente Courtois, en 1822. On en trouve un au Catalogue Cigongne, n° 1287.

Noelz & chanſons nouvellement compoſez, tant en vulgaire francoys que ſavoiſien, par Nicolas Martin. Lyon, Marie Bonhomme, 1556, petit in-8°, 104 ff. — L'auteur ſe déſigne comme muſicien de la cité de Saint-Jean de Maurienne. Ce petit volume contient la muſique notée; le ſeul exemplaire qui paraiſſe connu eſt celui qui a figuré en 1836 dans une vente des livres que l'infatigable Richard Heber avait réunis à Paris. Objet d'une lutte d'enchères très vive, il s'eſt élevé au prix de 120 fr.

Noels nouveauls faits ſous le titre du Plat d'argent dont maint ſe courrouce. Paris, Jehan Olivier, petit in-8°, 16 ff. — Catalogue La Vallière, n° 3081, 8.

Nouveau (le) monde avec l'eſtrif du pourveu & de lellectif. Paris, ſ. d., petit in-8°, 30 ff. — Cette pièce fut jouée à Paris, le 11 juin 1508; on l'attribue à J. Bouchet ou à Gringore; c'eſt une ſatire relative aux querelles de Louis XII avec la Cour de Rome. M. de Soleinne en poſſédait un exemplaire ſur vélin, que nous retrouvons au Catalogue Cigongne, n° 1444, & qui a paſſé en Angleterre.

Nouveau recueil de chanſons amoureuſes de divers poètes françois. Paris, Didier Millot, 1589, petit in-8°, 40 ff. — Indiqué au *Manuel* ſans aucun détail.

Nouveau vergier, floriſſant des belles chanſons nouvelles pour la récréation des triſtes. Lyon, Benoit Rigaud, ſ. d., in-16 de 40 ff. — Mentionné au *Manuel* ſans indication d'aucun catalogue.

Nouvelle defenſe pour les Francoys à lencontre de la nouvelle entreprinſe des ennemys, comprenant la manière deviter tous poiſons. Paris, 1537, in-8°. — L'auteur, Bertrand de la Luce, eſt nommé dans le privilége du roi. Le *Manuel* ne cite que la vente de l'exemplaire La Vallière.

Nouvelles bonnes, leſquelles ſont produites et venues d'Orient, & comment le grant Turc a ouy meſſe environ le ſépulcre de noſtre Seigneur Jeſus-Chriſt. Paris, 1517, in-4°, 4 ff. — Il y a une autre édition, Anvers (vers 1517).

Nouvelles certaines des iſles de Perou. Lyon, François Juſte, 1534, in-16, goth., 8 ff. — Indiqué au *Manuel* ſans indication d'aucune vente. On ſait combien les anciens écrits relatifs à l'Amérique ſont recherchés; celui-ci exciterait certainement une bien vive rivalité s'il ſe préſentait aux enchères.

Nouvelles de la terre du preſtre Jehan. S. l. n. d., in-4°, 14 ff. — Un exemplaire de ce livret très rare, imprimé vers 1495, 550 fr., vente Walckenaer, & 330 fr., Solar. Nous croyons que c'eſt un autre texte que celui d'une pièce facétieuſe, intitulée : *Senſuivent pluſieurs nouvelletés & diverſiteȝ entre les*

beftes en la terre de preftre Jehan. Paris, petit in-4°,
8 ff. — Ce n'eft pas ici le lieu de parler avec
quelque détail de la fingulière légende relative à
ce monarque fabuleux dont le moyen âge fe
préoccupa beaucoup. Indépendamment des ouvrages auxquels renvoie le *Manuel* (5ᵉ édition, tom. IV,
col. 119), nous mentionnerons un travail fort
étendu & fort favant de M. J. Oppert : *Der Pref-
byter Johann.* Leipfick, 1864, in-8°.

*Nouvelles Dindie & de la terre neufve avecq la
defcription comment le roy & la royne de Lanoꝫ fe font
baptifeꝫ & faiꝗ chreftiens avec plus de trois cens mille
ames.* Anvers (vers 1549), petit in-8°, 28 p. —
Le *Manuel* indique cet opufcule d'après un exemplaire qui a paffé en vente en 1841.

ODIEUX (l') & fanglant meurtre commis par le maudit Caïn à l'encontre de fon frère Abel, tragédie morale à 12 perfonnages, par Thomas Le Coq, prieur de la Sainte Trinité de Falaife. Paris, N. Bonfons, 1580, in-8°. — Cette pièce eft indiquée dans la *Bibliothèque du théâtre françois* comme fort mal écrite, mais elle eft rariffime; M. de Soleinne avait dû fe réfigner à l'infcrire parmi fes *defiderata* (tom. I, p. 184 de fon Catalogue).

OEuvres de Bluet d'Arbères. — Les fingulières productions de ce perfonnage, quelque peu aliéné, font l'objet de détails étendus dans le *Manuel du Libraire* (5ᵉ édition); le recueil de ces extravagances fe compofe de 173 livres ou morceaux numérotés, & même de 180, felon une note de Mercier de Saint-Léger. On connaît les livres 1 à 80, 91 à 103, décrits dans la *Bibliographie inftruƈtive* de De Bure; 104 à 113, découverts depuis quelques années, & 141 à 173. C'eft un total de 143 livres dont l'exiftence eft conftatée, mais qui ne fe trouvent jamais réunis dans le très petit nombre d'exemplaires qui fe font rencontrés chez quelques amateurs. Il refte à découvrir 33 livres qui ont échappé jufqu'ici à toutes les recherches. Nodier a parlé de Bluet d'Arbères dans la *Bibliographie des foux,* notice piquante inférée au *Bulletin du biblio-phile,* en 1835. Ce même *Bulletin* a, longtemps après (1858, p. 1070 & fuiv.), publié un fort curieux travail de M. Paul Lacroix fur le foi-difant comte de Permiffion; M. O. Delepierre s'en eft également occupé d'une façon fort intéreffante, dans fes *Etudes bibliographiques fur les foux littéraires.* Lon-dres, 1858, in-8°. (Extrait des *Mélanges de la Société littéraire des Philobiblon de Londres.*)

Ordonnance de la bataille faiße à Syriʒoles, en Piedmont, auec la defaiße des Efpagnolʒ. S. l. n. d. (mais vers 1544), petit in-8°, 8 ff. — Voir le *Manuel du Libraire* (tom. II, col. 743) pour l'indi-cation de quelques autres écrits très rares relatifs à la bataille de Cérifoles.

Ordonanfas (las) & Couftumas del Libre Blanc, compaufadas per las fabias femnas de Tolofa. Tolofa, J. Colommies, 1555, in-8°, 16 ff. — Il paraît qu'on ne connaît qu'un feul exemplaire de ce livret qui, après avoir paffé dans la vente de Lang, faite à

Londres, & dans celle de Baudelocque (Paris), où il fut payé 184 fr., eſt entré dans le cabinet d'un amateur touloufain, M. Defbareaux-Bernard. Un bibliophile bordelais, qui avait une copie de cet opufcule, l'a fait réimprimer, en 1846, à fort petit nombre; mais il faut obferver que cette réimpreffion ne comprend pas deux autres livrets joints à cet exemplaire : *Las nompareilhas receptas per fa las femnas, tindentas, plafentas & bellas;* Tolofe, 1555, 8 ff. ; — *La requeſte faiĉte & baillée par les Dames de la ville de Tolofe.* 1555, 16 ff. — Le *Manuel du Libraire* (tom. III, col. 1058) indique fort en détail le contenu de ces livrets.

Ces *Ordonnances* font une réunion d'idées populaires, énoncées par de vieilles femmes, & qui fe retrouvent en grande partie dans l'ouvrage connu fous le nom d'*Evangile des Quenouilles.*

Origines des troubles & remuement d'affaires es pays de Flandres pendant le gouvernement du duc d'Albe. Paris, 1578, in-8°. — Le *Manuel* ne fignale cet ouvrage peu connu que d'après un ancien catalogue publié à l'étranger.

Origine & commencement de ceſte mappe-monde, nouvelle pupiſtique & comment elle a été trouvée. S. l.

n. d. (mais vers 1566), in-fol., 12 ff. — Le texte
eſt accompagné de 16 ff. de gravures ſur bois. Il
paraît qu'on ne connaît qu'un ſeul exemplaire de
cet ouvrage, vendu ſucceſſivement 183 & 460 fr.
aux ventes Gaignat & La Vallière. Voir dans le
Bulletin du bibliophile (mars 1855, p. 94-96) un
article de M. G. Brunet ſur ce livre ſingulier.

PARADOXE ou déclaration des cornes. (Vers 1620.) In-8°. — En vers. Catalogue La Vallière, n° 3913.

Passe-partout (le) du mardi-gras. (Vers 1600.) In-8°. — En vers. Catalogue La Vallière, n° 3913.

Passevent parisien respondant à Pasquin Rommain de la vie de ceux qui sont allez demeurer à Geneue. S. l., 1556, in-16. — Il existe plusieurs éditions (voir le Manuel, tom. IV, col. 420) de cette violente satire contre les calvinistes; celle de Tolose, Maréchal, 1556, ne nous est connue que par sa mention sur un ancien Catalogue, celui de Lauraguais. M. de Soleinne possédait un exemplaire avec des notes manuscrites de B. de La Monnoye.

Pastorale à 4 personnages sur l'alliance... représentée le 18 octobre 1584, par Joseph Duchesne, sieur de la Violette. Genève, Durant, 1585, in-4°, 16 ff. — Le Manuel indique sans aucun détail cette pièce, qui est inscrite parmi les desiderata de M. de Soleinne.

Pater Noſter (le) des Flamans, Henouyers & Bre-banſons. S. l. n. d., petit in-8°. — Pièce en vers de huit ſyllabes, imprimée de 1520 à 1525, & certai-nement introuvable aujourd'hui; un exemplaire figure ſur le Catalogue La Vallière, n° 2071, dans un recueil d'opuſcules très rares; nous l'indiquons à diverſes repriſes.

Patience (la) de Job ſelon l'hiſtoire de la Bible. Lyon, Jehan Lambany, 1529, in-4°, 42 ff. — Edition indiquée au *Manuel,* qui ne cite aucune vente; une autre, Lyon, J. Didier, ſ. d., in-16, 224 p., paraît ne point s'être montrée aux enchères publiques depuis le Catalogue La Vallière. Le *Manuel* indique pluſieurs autres éditions : celle de Rouen, R. Beauvais, in-4°, qui avait été payée 22 & 34 fr. aux ventes La Vallière & Heiſs, s'eſt élevée à 420 fr. à la vente Yemeniz, n° 1919.

Peregrinacion (la) de l'enfant vertueux, par Figon de Montelimart. Lyon, F. Arnoullet, 1584, in-16. — On ne connaît cet ouvrage que par l'indication fournie par Du Verdier.

Perfection (la) des femmes avec l'imperfection de ceux qui les meſpriſent, par H. D. M. Provençal.

Paris, J. Jacquant, 1625, in-8°. — Livret devenu très rare; un exemplaire était compris dans un recueil factice que nous avons déjà eu l'occasion de signaler comme ayant figuré en 1770 dans la vente Lambert.

Petit œuvre (le) d'amour & gaige d'amitié, contenant plusieurs dits amoureux traduits du grec ou du latin en rime françaife, & fur la fin eft décrite en profe l'hiftoire de Titus & Gefippus. Paris, Jean Barbe-d'Orge, 1537, in-8°. — Cité par le *Manuel* d'après Du Verdier.

Philoxene, tragédie, par A. Du Verdier, feigneur de Vauprivas. Lyon, Marcorelle, 1567, petit in-8°. — Le *Manuel* fe borne à tranfcrire le titre de cette pièce; elle figure parmi les *defiderata* de M. de Soleinne (Catalogue, tom. I, p. 157).

Pierre de Prouence & la belle Maguelonne. — Quelques éditions de ce roman de chevalerie ont difparu ou ne font connues que par la mention faite d'un ou deux exemplaires. Une d'elles, f. l. n. d., Lyon, in-4°, 54 ff., n'a pas reparu depuis la vente La Vallière; une autre, Lyon (vers 1478), ne s'eft confervée que dans un exemplaire unique

qui, après avoir paru aux Catalogues de Lang &
d'Heber, s'eſt retrouvé à la vente Yémeniz, où il a
été adjugé à 2,700 fr. (n° 2325). Le *Manuel*
indique, ſans citer aucune vente, une édition,
ſ. l. n. d., in-4°, 32 ff., où ſe trouve la marque
d'un imprimeur rouennais, J. Le Foreſtier. On n'a
découvert juſqu'ici qu'un ſeul exemplaire de l'édition donnée à Avignon par Jean de Chaney, en
1524, in-8° ; il a été adjugé à 2,850 fr. à la vente
J.-Ch. Brunet, n° 419. Ajoutons qu'une édition
de Lyon, Barnabé Chauſſard, in-4°, 28 ff., non
citée au *Manuel,* figure ſur un Catalogue de
M. Potier, libraire à Paris (1863, n° 2613); elle
eſt miſe au prix de 450 fr. Voir, au ſujet de cet
ouvrage, la *Bibliothèque des romans* (août 1779,
p. 91-160), & Fauriel, *Hiſtoire de la littérature
provençale* (tom. III, p. 182).

*Plaiſant (le) vergier d'honneur contenant pluſieurs
prouerbes & dictz moraux.* Paris, J. Ruelle, 1553,
in-24. — L'auteur du *Manuel* ne mentionne ce
petit volume que d'après un vieux catalogue du
ſiècle dernier & ſans avoir pu l'examiner. On ne
le rencontre point au Catalogue La Vallière.
M. G. Dupleſſis ne fait pas mention de cet ouvrage
dans ſa *Bibliographie parémiologique.* Paris, 1847.

Poesies diverses, ou dialogues en forme de satyre du docteur Métaphraste & du seigneur Albert, sur le fait du mariage, par Fr. Payot de Linière. S. d., petit in-12 de 46 p. — Nous ne connaissons ce livret que par la mention qui en est faite au Catalogue Fuilheul. On sait que ce Catalogue offre une réunion de livres appartenant à Chardin, qui exerça à Paris, dans les vingt premières années du siècle, avec succès, le commerce des ouvrages rares & précieux. Il jugea à propos de publier ce catalogue sous le nom de sa femme.

Dibdin, dans son *Bibliographical Tour in France,* a donné un portrait du vieux libraire, & il raconte à son égard une anecdote qui, admettant qu'elle soit exacte, aurait pu être passée sous silence. D'après lui, Chardin avait à la main une cicatrice provenant d'une morsure faite par un des Suisses de la garde de Louis XVI, dans la journée du 10 août. Chardin avait pris part à l'attaque des Tuileries, & conservait la trace de sa lutte acharnée avec un adversaire expirant.

Poetiques trophées de Jean Figon de Montelimart, contenant odes, epistres & epigrammes. Toulouse, Guion Boudeville, 1556, in-8°. — Cité par Du Verdier. (*Bibliothèque françoise,* tom. II, p. 414.)

Ponthus & la belle Sidonie. — Diverfes éditions de ce roman de chevalerie font devenues introuvables. Celle de Lyon, G. Le Roy (vers 1480), ne s'eft montrée qu'aux ventes Effling & Yémeniz, où elle a été payée 1,501 & 3,350 fr.; celle de Lyon, Gafpard Ortain (vers 1500), ne figure que fur le Catalogue La Vallière, & l'exemplaire était défectueux; celle de Paris, Alain Lotrian, f. d., n'eft indiquée au *Manuel* que d'après un exemplaire confervé à Stuttgart; elle eft décrite dans le *Serapeum* (journal publié à Leipfig), 1848, p. 260. Une analyfe de l'hiftoire de Ponthus dans les *Mélanges extraits d'une grande bibliothèque* (tom. K, p. 1-62).

Predefpoir de l'amant auec le haʒard damour. & une ballade joyeufe des tauerniers qui brouillent le vin. S. l. n. d., petit in-8°, goth., 8 ff. — Opufcule en vers indiqué au *Manuel* d'après un exemplaire qui a paffé en vente en 1816.

Printemps (le) des chanfons nouuelles, compofé fur chants modernes fort recreatifs. Lyon, Benoift Rigaud. S. d., in-16 de 64 ff. — Mentionné au *Manuel* (tom. III, p. 590) fans indication d'aucun catalogue.

Procès (le) des femmes & des puces compofé par un frère mineur pélerin retournant des hirlandes où il apprint la vraye recette pour prendre & faire mourir les puces, laquelle fera déclarée cy après à la deffinition du dit procès. S. l. n. d., petit in-8°, goth., 4 ff. — Catalogue Heifs, n° 279. Depuis cette vente, nous penfons qu'on n'a plus revu cet opufcule.

Prognoftication du ciecle (fic) *advenir.* — Du Verdier cite une édition de 1550; une autre, Lyon, Arnoullet, 1533, eft portée au Catalogue Méon. Le *Manuel du Libraire* indique diverfes *Prognoftications,* imprimées au commencement du feizième fiècle, & devenues introuvables aujourd'hui.

Prologue de l'entrée du roy faiête à Rouen en noble arroy. S. l. n. d., petit in-fol., 14 ff. — Cette pièce en vers & en profe fe rapporte à l'entrée de Charles VIII à Rouen, en 1485. Elle n'a été payée que 3 fr. à la vente La Vallière; elle atteindrait aujourd'hui 300 fr. & peut-être plus fi elle fe montrait dans quelque vente.

Profopopée de la France à l'empereur Charles Quint, par Jean d'Abondance. Tolofe, N. Vieillard, f. d., in-4°. — Indiqué par Du Verdier.

Pſyché, fable morale, par Louvan Geliot. Agen, Domaret, 1599, in-16. — Cette pièce, dont le *Manuel* ne fignale aucune vente, manquait chez M. de Soleinne (Catalogue, tom. I, p. 184). La *Bibliothèque du théâtre françois* (tom. I, p. 326) en a parlé avec quelques détails.

Purgatoire (le) damours avec trois belles Ballades de Fortune. Paris (vers 1530), petit in-8°, 20 ff. — On a vu paffer ce livret aux ventes La Vallière & Heber. Un exemplaire figure au Catalogue Cigongne, n° 701.

Purgatoire des mauvais maris. S. l. n. d., petit in-4°, 15 ff. — On ne connaît qu'un feul exemplaire de cet opufcule, imprimé vers 1480 avec les caractères de Colard Manfion, qui, à cette époque, exerçait la typographie à Bruges. Le favant & zélé confervateur de la Bibliothèque impériale, Van Praet qui, né à Bruges, avait voué à fon compatriote un véritable culte, était parvenu à acquérir ce précieux livret, & il l'a légué à l'établiffement qu'il avait dirigé pendant de longues années.

RECIT *veritable de ce qui s'eft paffé au plaifant &* *facétieux mariage d'une jeune affriandée au jeu de* *paffe-outre & de fes fubtilités & fineffes. Enfemble* *le feftin de la fauffe à la Roberde.* Paris, 1626, in-8°. — Cet opufcule n'eft pas mentionné au *Manuel.* Nous le trouvons au Catalogue Cigongne, n° 2121.

Recueil (le) des aftes & depefches faiftes aux hauts *iours de conardie tenus à Rouen auec le triomphe de la* *monftre & oftentation du magnifique abbé des conardz.* Rouen (1541), petit in-4°, 19 ff. — On ne trouve ce livret, en profe & en vers, fur aucun Catalogue depuis celui de La Vallière, où un exemplaire fut payé 84 fr., prix alors fort élevé. Voir, fur la *Joyeufe abbaye des conards de Rouen,* une notice de M. Floquet, *Bibliothèque de l'Ecole des Chartes* (tom. Ier), une de M. Bafferolle (Rouen, 1859), la collection de *Differtations fur l'hiftoire de France,* publiée par M. Leber (tom. IX, p. 364), & l'ouvrage de M. A. Dinaux, *Sociétés badines,* publié après la mort de ce favant par M. G. Brunet

(Paris, Bachelin-Deflorenne, 1867, 2 vol. in-8°; tom. I, p. 175).

Réformation (la) des dames de Paris faicte par les dames de Lyon. S. l. n. d., petit in-8°, goth., 4 ff. — Pièce en vers de dix fyllabes & en dix ftrophes de huit vers. Un exemplaire indiqué au Catalogue La Vallière (tom. II, p. 318). Il exifte une autre édition. Paris, G. Nyverd, in-8°, goth., 8 ff., qui contient de plus la *Réplique des dames de Paris contre celles de Lyon,* en douze ftrophes de huit vers. Cette *Réplique* a été publiée à part, à Paris, in-8°, goth., 4 ff. Signalons auffi la *Prefcription des femmes de Paris aux femmes de Lyon avec la reponfe.* S. l. n. d., petit in-8°, 4 ff.

Regretz damours faictz par ung amant dit le Defconforté contenant le bien & le mal des femmes. Paris, 1538, in-8°, 80 ff. — Ce volume fort rare figure aux Catalogues La Vallière & Cigongne. L'auteur, Antoine Prevoft, l'avait fait paraître déjà fous le titre : *Lamant defconforté.*

Regretz (les) du loyal amoureux. S. l. n. d., petit in-4°, goth., 6 ff., 2 gravures fur bois. — En vers. A la fuite, une *Ballade pour les gens de court* en vingt-huit vers de huit syllabes. Le *Manuel* se borne à une simple indication. Catalogue La Vallière, n° 2980, 4.

Regretȝ (les) & peines des mal aduiseȝ, faitȝ & composeȝ par Adonuille. Et nouuellement imprimeȝ. Ce sera que sera. Paris, petit in-8°, goth., 20 ff. — L'auteur se nommait Dadonville ou d'Adouville. Le *Manuel* cite cette édition sans indiquer aucune vente. Nous ne connaissons que l'exemplaire Cailhava, payé 173 fr., & qui figure au Catalogue Cigongne, n° 632. Il en existe une autre, Lyon, Ol. Arnoullet, 1542, qui a été payée 10 fr. chez le duc de La Vallière.

Rencontre & naufrage de trois astrologues judiciaires. Paris, 1634, in-8°. — Catalogue La Vallière, n° 3903.

Reponse à un curieux demandant pourquoi les hommes s'asujetissent aux femmes. Rouen, 1598, in-12. — Catalogue Méon, n° 2919. Il n'en est point fait mention au Catalogue La Vallière.

Resolucion damours. S. l. n. d. (mais Paris, vers 1495), in-4°, 8 ff. — Le *Manuel* décrit cet opus-

cule en vers, mais fans indiquer où il fe trouve &
fans fe référer à aucun catalogue.

*Reftaurant (le) des conftipés de cerveau frefchement
apporté des ifles d'Yambole,* où le monde s'ennuie de
*trop vivre. Imprimé à Paris, par Pierre Latus, au
commandement des drôles.* S. d. (vers 1620), in-8°,
16 p. — Ce que cette facétie a de plus piquant,
c'eft probablement fon titre, mais elle eft devenue
d'une rareté extrême.; un exemplaire, joint à deux
autres pièces bouffonnes, a été porté au prix fort
élevé de 159 fr. à la vente Veinant. Nous en avons
déjà parlé au mot *Affiges.* Un exemplaire figure au
Catalogue La Vallière, n° 4375, article 197.

*Rofier des chanfons nouuelles tant de l'amour que de
la guerre.* Lyon, B. Rigaud, 1580, in-16, 64 ff —
Le *Manuel* conftate l'extrême rareté de ce volume,
qui manque fur les meilleurs catalogues.

S EN SUIVENT *plufieurs beaulx noelz nouueaulx compofez fur le chant de plufieurs chanfons nouuelles dont les noms senfuyvent.* & *premièrement Conditor, fur ce mignon qui va de nuiƈt.* S. l. n. d., petit in-8° de 12 ff.

Seringue (la) fpirituelle pour les âmes conftipées en dévotion. — Cet écrit bizarre, & dont le titre a tout l'air d'une plaifanterie, exifte-t-il? Nous ne le trouvons fur aucun catalogue, & l'auteur du *Manuel du Libraire,* en l'indiquant (article *Moutardier*), déclare ne l'avoir jamais vu; cependant, un biblio-graphe férieux, M. Peignot, le cite à la page 42 d'une *Notice* fur fes ouvrages qu'il fit imprimer à Paris en 1830; il copie même un paffage emprunté à cette *Seringue* (p. 180); nous le tranfcrivons, car la *Notice* dont il s'agit ne fe trouve pas facilement; c'eft une apoftrophe adreffée aux dames qui mettent du fard :

« Vilaines carcaffes, cloaques d'infection, bour-
» biers d'immondices, n'avez-vous pas honte de
» vous tourner & retourner dans la chaudière

» de l'amour illicite, & d'y rougir comme des
» écreviffes, lorfqu'elles cuifent, pour vous faire
» des adorateurs? Au refte, il eft jufte que des
» vifages qui ne favent plus rougir de pudeur
» rougiffent au moins par artifice, mais puifque
» vous avez voulu imiter la rougeur des écreviffes,
» comme elles, vous irez à reculons dans la voie
» du ciel. »

Sermon (le Dévot & fainct) de monfeigneur fainct Jambon & de madame fainte Andouille, imprimé nouuellement, à Paris. — Une copie de cette facétie fe rencontre au Catalogue Méon, n° 2449. Il n'en eft pas fait mention au *Manuel*.

Sermon ioyeulx de tous les foulx qui font au monde pour rire ioyeufement. Imprimé nouuellement à Lyon, petit in-8°, goth., 12 ff. — Un exemplaire de cet opufcule s'eft trouvé à la vente Lang, faite à Londres en 1829.

Sermon ioyeulx de la vie Saint Ongnon. Comment Nabuʒarden, le maiftre cuifinier, le fift martirer. S. l. n. d., in-4°, 4 ff. — On ne connaît guère que de titre cette facétie, qui n'a pas, ce nous femble, été réimprimée.

Sermon joyeulx d'ung vert galant & d'une bergière jolye. Petit in-8°. — Cet opufcule eſt porté au Catalogue Lang, n° 51; nous ne l'avons pas retrouvé ailleurs.

Songe (le) & préviſion de la paix de France. S. d., goth., in-8°. — En vers. Catalogue La Vallière, n° 3097.

Sonnets & quatrains d'admiration, ou ſonettes & ſornettes dignes de riſée. Montpellier, 1611. — C'eſt feulement d'après un catalogue du libraire Claudin, 1856, n° 15936, que le *Manuel* fignale ce livret, inconnu d'ailleurs, & que fon titre recommande à l'attention des amateurs.

Souhaiʒ (les) & beautés des dames auec la fille com-parée à la vigne. — Le *Manuel* cite deux éditions in-4°, goth.; une de 6 ff. n'a pas reparu depuis la vente La Vallière; on ne connaît de l'autre qu'un feul exemplaire, qui s'eſt montré en vente il y a cinquante ans environ.

Stratagèmes, c'eſt à dire proueſſes & rufes de guerre du preux & très célèbre chevalier Langey au commence-ment de la tierce guerre Céſariane; traduit du latin de

F. Rabelais, par Claude Maffuau. Lyon, Sebaftien Gryphius, 1542, in-8°. — Cet ouvrage n'eft connu que par la mention qu'en fait Du Verdier, mais elle eft trop détaillée pour qu'on puiffe révoquer en doute l'exiftence de cet écrit, qui jufqu'à préfent a échappé à toutes les recherches. Ce chevalier de Langey eft probablement Guillaume du Bellay; Maffuau était attaché à cette maifon, & Rabelais l'a nommé dans le IVe livre de *Pantagruel* (chapitre 27).

TASSE (la), *comedie propre pour etre exhibée au temps de carefme-prenant, extraicte du cabinet de la mufe du comte d'Aulbe Geurin, plus une falade d'efpis de grume, le tout avec tant de facécieufeté & plaifanterie que l'auteur & l'imprimeur fe condamnent de payer le vin à qui le pourra lire fans rire, moyennant que ce ne foit quelque ladre d'efprit, ou quelque chaffieux héraclite, ou pour le moins quelque cerveau anormalement fonge-creux ou rechineufement heteroclite. Imprimé fous le quadre à la preffe fur le marbre.* S. d., petit in-8°, 53 ff. — Nous avons tranfcrit en entier le titre de cette pièce fingulière, imprimée vers 1650, dans une des villes du Midi de la France. On n'en connaît, nous le croyons, qu'un exemplaire, qui s'eft montré aux ventes Lang & Soleinne. (Voir le n° 3897 du Catalogue.) Les interlocuteurs s'expriment en provençal, en italien & en français.

Un libraire parifien, M. Barrault, qui a entrepris une réimpreffion du recueil Caron (voir ce mot au *Manuel),* annonce l'intention de donner une édition nouvelle de *la Taffe.* Ce fera un véritable fervice rendu aux amis de la littérature.

Terrible (la) vie, teſtament & fin de Loyſon. S. l. n. d. petit in-8°, goth., 4 ff. — Pièce en vingt-huit ſtances de ſept vers de huit ſyllabes avec la date de 1526; le *Manuel* la décrit ſans dire où elle ſe trouve, & ſans faire mention d'aucune vente où elle ſe ferait montrée; elle figure dans un recueil du Catalogue La Vallière, n° 2979, 7.

Teſtament de Pierre du Mollet de Moreſtel, avec les Lamentations, &c. Lyon, 1616, in-16, 60 p. — Livret très rare & trop enjoué; on y trouve une complainte dans le langage que Rabelais fait parler à ſon écolier limouſin. Ce petit volume, fort peu connu, ne ſe rencontre ſur aucun des très nombreux catalogues que nous avons conſultés à ſon égard, mais il eſt indiqué par un bibliographe très au fait de ce qui concerne la littérature lyonnaiſe, M. Péricaud. (Voir *Notes & documents pour ſervir à l'hiſtoire de Lyon ſous Louis XIII*, p. 86.)

Teſtament (le) fin rubin de Turcquie, maigre marchand contrefairand (ſic) *Sotie, puis à la fin du dernier coplet lepytaphe defunt ſot Tribolet.* Imprimé par Clément Longis, petit in-8°, 4 ff. — En vers. Depuis la vente La Vallière, cet opuſcule n'a pas reparu.

Tragédie de Phaeton & autres œuvres poétiques con-
tenant hymnes, divers sonnets & chansons, par François
de Chantelouve. Lyon, Rigaud, 1582, in-16. —
Cette pièce figure parmi les *desiderata* du Catalogue
Soleinne.

Tragi-comédie très célèbre des inimitables amours du
seigneur Alexandre & d'Anette. Troyes, 1619, petit
in-8°. — On connaît une autre réimpression,
Troyes, 1628. L'auteur du *Manuel* convient qu'il
n'a pu découvrir la date de l'édition originale de
cette pièce singulière.

Train (le) du charivari assemblé aux nopces des malassis,
rue Fromenteau, enseigné à Paris par l'esprit de la cour.
1615. — Catalogue La Vallière (tom. II, p. 720).

Trésor (le) de l'espargne, vérité des admirables mer-
veilles du monde advenues ès terres inconnues : auquel
est contenu la vie du preux géant Raminagrobis, fort
joyeuse & récréative. Paris, in-16. — C'est Du
Verdier qui, dans sa *Bibliothèque françoise* (au mot
Trésor), a consigné le titre de cet écrit, dont il ne
reste pas d'autre trace; on est autorisé à y voir une
imitation de Rabelais; il y a là un air de parenté
avec le *Pandarnassus*, également disparu.

Très (le) éloquent Pandarnaſſus, fils du vaillant Gallimaſſue, qui fut tranſporté en faerie par Oberon, lequel y fit de belles vaillances, puis fut amené à Paris par ſon père Gallimaſſue, là où il tint concluſions publiques & du triomphe qui lui fut fait après ſes diſputations. Lyon, Olivier Arnoullet, in-8°. — Cette facétie, inſpirée par la lecture de Rabelais, eſt indiquée dans la *Bibliothèque françoiſe* de Du Verdier (art. *Pandarnaſſus*). C'eſt le ſeul témoignage qui conſtate ſon exiſtence. On n'en a jamais découvert un ſeul exemplaire.

Trialogue fort beau, plaiſant & delectable aux lecteurs. Les perſonnages ſont l'ambaſſadeur du roy Françoys, Cerberus, prince des diables & Pluto. Anvers, 1544, in-4°, goth., 12 ff. — Depuis le Catalogue La Vallière, n° 3104, cet opuſcule ne paraît pas s'être montré en vente publique.

Triomphe de haute folie en rime. Lyon, A. Volant, ſ. d., in-16. — Livret en vers indiqué dans la *Bibliothèque françoiſe* de Du Verdier; un exemplaire a paſſé en vente en 1725; il ne paraît pas qu'on l'ait revu, ni qu'il s'en ſoit montré un ſecond.

Triomphe (le) des vertus remporté ſur les vices, par

Plis de Raynonville (Camus, évêque de Belley). Paris, 1633, in-8°. — D'après une indication inférée fans détail dans le *Dictionnaire des Anonymes* de Barbier, & reproduite dans le *Dictionnaire des livres condamnés* de Peignot (tom. I, p. 70), ce livre fut fupprimé, & il fut fait défenfe, fous peine de mort, d'en vendre aucun exemplaire. Cette anecdote eft-elle bien vraie? Quelle ferait la caufe de cette extrême févérité contre l'écrit d'un prélat refpectable? La *Biographie univerfelle* n'indique point le *Triomphe des vertus* parmi les divers ouvrages de Camus. Quoi qu'il en foit, ce volume mérite que les bibliophiles le recherchent & qu'ils faffent connaître ce qu'ils auraient découvert à fon égard.

Triumphe & exaltation des dames. Paris, Pierre Sergent, f. d. (vers 1530), petit in-4°, goth. — Le *Manuel* entre dans quelques détails au fujet de cet ouvrage, traduit de l'efpagnol, & qui ne femble pas offrir un grand mérite. On l'a vu paraître (c'était probablement le même exemplaire) aux ventes Heifs & Heber.

Trompeurs (les) trompez par trompeurs, par Dadouville. Petit in-8°, goth., 4 ff. — En vers de huit fyllabes. Le *Manuel* donne ce titre fans détails.

Troys (les) grans. Ceſt aſſauoir Alexandre, Pompee & Charlemaigne. S. l. n. d., in-4°, 9 ff. — Un exemplaire, le ſeul connu, faiſait partie d'un recueil porté au Catalogue Rothelin en 1754. Il paſſa en Angleterre, revint en France & entra dans la belle collection de M. Yémeniz. A la vente de cet amateur, en 1867, il a été adjugé à 1,150 fr. Le *Manuel* (tom. V, col. 970) donne quelques détails ſur cet opuſcule.

VERITE (la) cachée devant cent ans, faicte & compofée à fix perfonnages : nouuellement corrigée & augmentee avec les autorite₮ de la faincte efcriture. Petit in-8°, 39 ff., goth. — Aucun hiftorien du théâtre français n'avait fait mention de cette pièce, imprimée vers 1550, & qui eft dirigée contre l'églife romaine. Une autre édition, datée de 1559, petit in-8°, 100 p., de l'imprimerie d'Antoine Cercia (à Genève). Un exemplaire de l'une & l'autre édition figure au Catalogue Soleinne.

Ajoutons aux indications du *Manuel,* qu'en novembre 1867, dans une vente faite par M. E. Trofs, on a vu figurer une édition antérieure, f. l. (Neufchâtel), 1544, petit in-8°, goth., 40 ff. Elle a été adjugée à 860 fr.

Vieillard (le) jaloux tombé en rêverie à la louange des cornes, avec une expreffe defenfe aux femmes de ne plus battre leurs maris, fur les peines y mentionne₮. Paris, 1618, petit in-8°, 13 p. — Un exemplaire de ce livret, aujourd'hui introuvable, figure au Catalogue La Vallière.

*Vie de puiſſante & très haute dame, madame Gueli-
nine, revue & augmentée de nouveau par M. Frippeſauce.*
Rouen, 1612, in-8°. — Le *Manuel* ſignale cette
facétie en vers d'après un catalogue de Chardin ;
elle ne figure pas au Catalogue La Vallière, ſi
riche en écrits de ce genre.

Vie de monſeigneur Saint Albin, roy de Hongrie.
Lyon, 1483, in-4°, 30 ff. — Du Verdier fait connaître une édition de Paris, ſ. d. Le *Manuel du
Libraire* indique celle de 1483 comme ayant été
payée juſqu'à 40 livres ſterling à la vente Lang. Nous
croyons qu'il y a une erreur dans ce prix exceſſif ;
nous poſſédons un exemplaire *priced* du Catalogue
Lang, 1828, &, au n° 161, nous trouvons la *Vie
de Saint Albin* adjugée à 2 l. 4 ſh., ce qui était
encore aſſez cher à une époque où les livres de ce
genre étaient très loin d'avoir la valeur qu'ils ont
acquiſe depuis.

BORDEAUX. — IMPRIMERIE G. GOUNOUILHOU, RUE GUIRAUDE, 11.

www.ingramcontent.com/pod-product-compliance
Lightning Source LLC
Chambersburg PA
CBHW060607100426
42744CB00008B/1348